全国中等职业学校汽车类专业通用
全国技工院校汽车类专业通用（中级技能层级）

汽车文化（第二版）习题册

林　平　主编

中国劳动社会保障出版社

简介

本习题册是全国中等职业学校汽车类专业通用教材 / 全国技工院校汽车类专业通用教材（中级技能层级）《汽车文化（第二版）》的配套用书。习题册内容紧扣教材的教学要求，题型全面，题量充足，有助于学生复习巩固所学知识。

本习题册由林平担任主编，吴梦粒、涂羽娇担任副主编。

图书在版编目（CIP）数据

汽车文化（第二版）习题册 / 林平主编 . -- 北京 : 中国劳动社会保障出版社，2022
全国中等职业学校汽车类专业通用　全国技工院校汽车类专业通用 . 中级技能层级
ISBN 978-7-5167-5576-1

Ⅰ . ①汽…　Ⅱ . ①林…　Ⅲ . ①汽车 - 文化 - 中等专业学校 - 习题集　Ⅳ . ① U46-05

中国版本图书馆 CIP 数据核字 (2022) 第 202894 号

中国劳动社会保障出版社出版发行
（北京市惠新东街 1 号　邮政编码：100029）
*
北京昌联印刷有限公司印刷装订　　新华书店经销
787 毫米 ×1092 毫米　16 开本　4.75 印张　113 千字
2022 年 11 月第 1 版　　2025 年 6 月第 8 次印刷
定价：12.00 元

营销中心电话：400-606-6496
出版社网址：http : //www.class.com.cn
http : //jg.class.com.cn

版权专有　　侵权必究

如有印装差错，请与本社联系调换：（010）81211666

我社将与版权执法机关配合，大力打击盗印、销售和使用盗版图书活动，敬请广大读者协助举报，经查实将给予举报者奖励。

举报电话：（010）64954652

目　录

第一章　汽车发展简史

第一节　车的起源

一、填空题

1．关于车轮的发展有两种说法，一种说法认为车轮是由________发展而成，另一种说法认为车轮是由________发展而成。

2．中国发现最早的马车是在___________、___________和滕州前掌大遗址。

3．车轮是由滚子改良而成的，把滚子的中央部分削薄一些，中间部分形成了________，两端部分成为___________。

4．出现轮式运输工具的最早证据是美国考古学家______________在乌鲁克城遗址发现的一个带有___________的模型和“___________”的壁画。

5．世界各地出现的早期车辆多是______________的两轮车，实体车轮是由二到三块__________拼制而成。

6．战车随着时间渐渐失去了意义，车辆研制转向了____________和____________。

7．相传公元前1675年，古埃及人发明了有________装置的马车；到了12世纪，罗马人发明了______________装置，开始出现四轮车；到中世纪后，欧洲改用_______________车厢和较大的后轮，马车开始向豪华型发展。

8．世界上最豪华的马车之一是英国的____________，是由英国最著名的设计大师和雕刻大师精心雕琢而成。

9．在有史料记载的我国历代车辆发展过程中，有重要价值的要数____________车和____________车。

二、单项选择题

1．最古老的车，特别是作为既有车轮又有车身的车，是公元前3300年在（　　）地区使用的车。

A．美索不达米亚　　B．北欧

C．埃及　　D．印度

2．车的起源至今大约（　　）年。

A．2 200　　B．3 300　　C．4 400　　D．5 500

3．将马车轨道嵌入路面的是（　　）。

A．奥巴迪亚 · 埃利奥特　　B．埃米尔 · 卢巴

C．罗吉尔 · 培根　　　　　　　D．奇罗拉莫 · 加尔维

4．中国古代制成“指南车”的人是（　　）。

A．诸葛亮　　B．张衡　　C．黄帝　　D．马钧

5．（　　）是中国的“造车鼻祖”。

A．奚仲　　B．张衡　　C．孔子　　D．马钧

6．据传，三国时期诸葛亮六出祁山时发明了名为（　　）的交通工具。

A．木牛流马　　B．自行车　　C．四轮机动车　　D．马车

7．中国古代留给我们的宝贵遗产大型彩绘铜马车是（　　）时代的产物。

A．秦朝　　B．商朝　　C．夏朝　　D．周朝

8．目前，中国发现最早的马车是（　　）时代的产物。

A．秦朝　　B．商朝　　C．夏朝　　D．周朝

9．1847 年，在（　　）出现了最早的双层公共马车。

A．法国　　B．英国　　C．美国　　D．中国

10．公元前 2250 年，（　　）制造出世界上第一辆由两匹马牵引的新型马车。

A．奚仲　　B．孔子　　C．秦始皇　　D．张衡

三、判断题

1．记里鼓车和指南车都是利用齿轮传动原理来工作的。（　　）

2．原始人类发明的重要运输工具之一就是橇，一般用木板或木棒做成橇。（　　）

3．从圆盘发展成车轮的说法可能更正确些。（　　）

4．圆木与木橇的结合就是车的雏形。（　　）

5．从美索不达米亚的乌尔国王巴尔基的坟墓中出土的绘有苏美尔战车的镶嵌画上只能清楚地看到车身。（　　）

6．公元前 2000 年左右，古人发明了有辐条的车轮，这种结构比之前的实体车轮轻便许多。（　　）

7．记里鼓车在行驶中自动击鼓，以显示行驶里程，是中国最早发明的记录里程的车辆。（　　）

8．周代的车与商代的车结构基本相同，只是增加了驾车的马。（　　）

9．公元前 680 年以后，“夸德里伽”马车可以参加奥运会比赛，这可以看作是汽车赛的前身。（　　）

10．秦始皇出巡时乘坐的马车被称为“安车”。（　　）

四、简答题

1．18 世纪后风靡全欧洲的“柏林式”马车具有哪些特点？

2．如何理解从滚子到车的发明？

第二节　汽车雏形

一、填空题

1．早在13世纪，英国科学家____________最早梦想过机动车辆。

2．1936年，____________按照达·芬奇笔记上的车辆草图，复原了车的模型，并把它比喻为“____________”。

3．2004年，在佛罗伦萨举办的纪念达·芬奇的展览上，展示了用______推进的汽车，这辆车最多可行驶______m。

4．汉斯·赫丘制作的以发条为动力的车，其行驶速度为______km/h，每前进______m需要人工上一次发条。

5．1604年，荷兰数学家、工程师____________把木轮装到帆船上，制造出____________车。

二、单项选择题

1．(　　)设想出用发条作动力制造自动行驶的车辆。

A．罗吉尔·培根　　B．达·芬奇

C．汉斯·赫丘　　D．汉斯·尼贝尔

2．下列选项中正确的是(　　)。

A．汉斯·赫丘制成的以发条作动力的车当时被阿拉伯王子重金购买

B．达·芬奇试制了自动车

C．2004年，在佛罗伦萨举办的纪念达·芬奇的展览上所展示的汽车其内部结构与现代汽车差别较小

D．风力帆车实际上是在帆船上装上车轮，或者是在马车上装上桅帆

3．1649年，(　　)在达·芬奇的启示下，制成了用钟表发条作动力的车辆。

A．卡洛·佩德雷蒂　　B．罗吉尔·培根

C．汉斯·赫丘　　D．西蒙·斯蒂芬

4．(　　)最早复原了达·芬奇设想的汽车模型。

A．奇罗拉莫 · 加尔维　　B．卡洛 · 佩德雷蒂
C．汉斯 · 赫丘　　D．西蒙 · 斯蒂芬

5．“总有那么一天，我们会赋予运输车以难以置信的速度，而无须求助于动物。”是（　　）在写给朋友的信中所说的。

A．卡洛 · 佩德雷蒂　　B．罗吉尔 · 培根
C．汉斯 · 赫丘　　D．西蒙 · 斯蒂芬

6．达 · 芬奇的车辆草图珍藏在米兰市（　　）。

A．卢浮宫　　B．比萨斜塔
C．安布罗加图书馆　　D．米兰大教堂

三、判断题

1．达 · 芬奇的汽车构想与现代汽车的构造完全相同。（　　）
2．科学家们最终在 2004 年制造出了更接近达 · 芬奇设想的汽车模型。（　　）
3．1649 年，德国钟表匠汉斯 · 郝丘制造了一辆以钟表发条作为动力的车辆。（　　）
4．汉斯 · 赫丘制成的以发条为动力的车辆被称为汽车的雏形。（　　）
5．双桅风力帆车的行驶速度通常为 20 km/h。（　　）
6．用风力来驱动车辆运行完全可以满足人们的出行需求。（　　）
7．在 15 世纪，罗吉尔 · 培根设想出用发条作动力制造自动行驶的车辆。（　　）

四、简答题

“汽车雏形”通常指的是什么？

第三节　蒸 汽 汽 车

一、填空题

1．1687 年，英国的________曾提出制造蒸汽车辆，其想法是按照“____________”的反作用原理推进的动力车。

2．1861 年，英国政府颁布了《__________________》法规，规定任何车辆的时速在乡村不得超过______km，在城镇不得超过______km。

3．1865 年，英国议会出台了《机动车道路法案》，汽车速度被限制缩小到在乡村行驶时速不超过______km，在城镇行驶不超过______km；一辆汽车须有 3 名驾乘人员，手执

________的车务员必须走在车前______m处以警告行人注意安全。这就是著名的《红旗条例》的主要内容。

4．南怀仁在康熙年间发明的汽车有4个______和1个________，这辆车被《吉尼斯世界纪录大全》称为“____________”。

5．1801年，理查德·特雷威蒂克制造了英国最初的________________汽车，车速可达_______km/h。

6．1895年，在“英国汽车工业之父”______________的倡导下，成立了汽车促进协会，当时成立这个协会的主要目的是废除《____________》。

7．世界上第一辆具有实用价值的蒸汽汽车的车身是用_________材料制成的，车上装的是_______蒸汽机。

8．______年，英国出台了解放法规，规定将汽车的法定时速提高到______km，并且取消了手持小红旗在车前奔跑的车务员。

二、单项选择题

1．世界上第一辆完全依靠自身动力行驶的实用蒸汽汽车是由（　　）制造的。

A．托马斯·纽科门　　B．詹姆斯·瓦特

C．尼古拉斯·古诺　　D．南怀仁

2．下列有关世界上第一起机动车事故的选项中，不正确的是（　　）。

A．这辆车在般圣奴兵工厂附近下坡时，撞到了兵工厂的墙上

B．这辆车的前方安放着一个非常重的锅炉，影响了车辆的灵敏性

C．这辆车的转向杆过于笨重，致使操纵失灵

D．这起事故发生在1763年

3．（　　）不是瓦特取得的关于蒸汽机相关的专利。

A．太阳和行星齿轮联动装置专利　　B．分离冷凝器专利

C．真空泵专利　　D．双向活塞式蒸汽机专利

4．世界上最早颁布机动车法规《红旗条例》的国家是（　　）。

A．英国　　B．法国　　C．德国　　D．美国

5．1668年，（　　）在北京成功制造了一辆蒸汽汽车。

A．汤若望　　B．马可波罗　　C．南怀仁　　D．利玛窦

6．（　　）制造的蒸汽汽车成为世界上第一辆机动化乘用车，可载客8人。

A．英国　　B．法国　　C．美国　　D．德国

7．下列选项中，（　　）不是早期蒸汽汽车的特点。

A．速度缓慢　　B．动力不足　　C．行动笨拙　　D．起步较快

三、判断题

1．托马斯·萨弗里发明的真空泵作为第一台原始蒸汽机获得了专利。（　　）

2．1865年，美国颁布了世界上最早的机动车法规，即《红旗条例》。（　　）

3．蒸汽汽车出现以后，由于存在很大的缺陷，并没有被人们所接受。（　　）

4．瓦特其实是在前人的基础上改进了蒸汽机，并且申请了相应的专利。（　　）

5. 1705 年，托马斯 · 纽科门制成了第一个可供实用的大气式蒸汽机。 ( )

6. 南怀仁于康熙年间在中国发明的汽车模型是记录在案的最早的汽车。 ( )

7. 1769 年，法国人尼古拉斯 · 古诺制成了世界第一辆具有实用价值的蒸汽汽车。 ( )

8. 英国人理查德 · 特雷威蒂克于 1832 年取得了蒸汽汽车专利。 ( )

9.《红旗条例》给英国汽车工业带来了毁灭性的打击，在汽车发展史上结束了英国的先行时代。 ( )

四、简答题

1. 早期蒸汽汽车的缺点有哪些？

2.《红旗条例》对英国汽车工业的不利影响有哪些？

第四节　内燃机汽车的先驱

一、填空题

1. 因蒸汽汽车既不具备__________，也不具备__________，从而使内燃机的应用为汽车的发展提供了全新的可能性。

2. 阿耶萨克 · 德 · 里瓦兹利用__________在气缸内爆发，使爆发产生的膨胀力推动车子的发动机，并于__________年取得了法国专利权。

3. 勒诺瓦赫制造的第一辆内燃机汽车的发动机是______冲程发动机，压缩比为______。

4. ____________________发明了真空发动机，利用__________在气缸内燃烧和冷却产生真空，从而利用大气压力来推动往复机件。

5. 马尔库斯设计制造的第一辆汽油机汽车没有使用________，把发动机的动力直接经________传导给后轮驱动，因此在启动时需要先把______抬起。

6. 塞尔登在________年设计出汽油机汽车，并于________年请人制造出来。

7. 戴玻梯维尔在1884年获得了汽油发动机的____________系统、____________系统的发明专利权。

8. 1826年，布劳恩设计制造出______缸真空燃气发动机，功率约为______kW，并用这台内燃机制成的汽车开创了汽车爬上舒特斯山的纪录。因而，有人推崇布劳恩是内燃机汽车的__________者。

二、单项选择题

1. 最早采用“内燃动力”构思的发动机类型是（　　）发动机。

A. 石油　B. 煤气　C. 火药　D. 氢气

2.（　　）制造出世界上第一辆具有行驶价值的燃气内燃机汽车。

A. 卡尔 · 本茨　B. 戈特利布 · 戴姆勒

C. 埃特尼 · 勒诺瓦赫　D. 阿耶萨克 · 德 · 里瓦兹

3. 1883年，法国人（　　）用内燃机作动力源，制造了一辆装有两缸内燃机的四轮汽车。

A. 戴波梯维尔　B. 戴姆勒　C. 博尔顿　D. 勒诺瓦赫

4. 下列选项中正确的是（　　）。

A. 塞缪尔 · 布劳恩于1823年获得了真空燃气内燃机专利

B. 克佛里德 · 马尔库斯研发制造了汽车自动变速器

C. 杰克佛里德 · 马尔库斯是汽车的发明者

D. 杰克佛里德 · 马尔库斯在维也纳试驾第一辆装有汽油机的汽车时因发动机噪声吓人被当局禁止

5. 阿耶萨克 · 德 · 里瓦兹于（　　）年取得了燃烧式发动机专利权。

A. 1857　B. 1837　C. 1817　D. 1807

6. 布劳恩设计制造的汽车采用的是（　　）内燃机。

A. 双缸水冷式　B. 双缸风冷式　C. 单缸水冷式　D. 单缸风冷式

7. 埃特尼 · 勒诺瓦赫在1864年接受了世界上第一次汽车订货，订货者是（　　）人。

A. 美国　B. 原俄罗斯　C. 法国　D. 德国

8. 由于（　　）汽车公司坚持不买特种汽车制造商协会的账，不支付销售额的一部分上缴协会作为专利权税，从而引起专利诉讼案。

A. 通用　B. 福特　C. 克莱斯勒　D. 大众

三、判断题

1. 里瓦兹是最早尝试以燃烧式发动机应用于道路车辆的发明家。（　　）

2. 布劳恩设计制造的真空燃气内燃机的冷却方式为风冷式。（　　）

3. 1864年，杰克佛里德 · 马尔库斯开始制造并试验汽油发动机汽车。（　　）

4. 美国人乔治 · 塞尔登是汽车的发明者。（　　）

5. 法国人戴玻梯维尔被大家公认为汽车的发明者。（　　）

6. 里瓦兹制造的发动机，其各个工作过程都是直接用手操作的。（　　）

7. 因法院判决，塞尔登专利被限制只能用于布雷顿发动机车辆上。（　　）

四、简答题

杰克佛里德 · 马尔库斯是不是汽车的发明者，为什么？

第五节　现代汽车的诞生

一、填空题

1. 世界上第一辆装有汽油机的三轮汽车是由德国工程师________于________年在曼海姆城研制成功的。

2. 奥托在仿造________燃气机上进行实验，他最主要的改进是使用______燃料。

3. 对于输出相同功率的发动机，如奥托发动机质量约为________kg，而戴姆勒和迈巴赫的发动机质量约为______kg，因此奥托发动机比戴姆勒发动机的体积大得多。

4. ______年____月____日，德国曼海姆的卡尔· 本茨向专利局________汽车发明专利，这一天成为汽车的________日。

5. ________是最早使汽油机汽车作为商品制造成功的人，1886 年 7 月 3 日，第一辆汽车在道路上试验时以______km/h 的速度行驶了______km。

6. 世界上第一个汽车加油站位于德国的________，原本是一家________。

7. 戴姆勒研制的第一辆摩托车上配有______缸、风冷、______冲程的汽油机。

8. ________被称为“汽车设计之王”，他和戴姆勒共同研制了早期著名的________汽车。

9. 1890 年，戴姆勒在斯图加特附近的勘斯塔特城成立了________有限公司。

10. 戴姆勒的公司和本茨的公司于 1926 年 6 月 28 日合并成为________汽车公司。2007 年，公司更名为戴姆勒股份公司。2022 年 2 月 1 日，公司再次更名为________________集团。

二、单项选择题

1. 世界上第一辆由内燃机驱动的三轮汽车是由（　　）人制造的。

A. 德国　　B. 法国　　C. 美国　　D. 意大利

2. 1888 年 8 月 5 日，（　　）成为第一个驾驶汽车进行长途旅行的人，从曼海姆到普福尔茨海姆往返大约 180 km。正是这次旅行，让人们看到了汽车的未来。

A. 贝尔塔 · 本茨　　B. 卡尔 · 本茨

C. 哥特利布 · 戴姆勒　　D. 埃米尔 · 耶利内克

3. 人们通常认为：发明“现代汽车”的人是（　　）。

A. 德国钟表匠赫丘　　B. 德国发明家奥托

C. 德国发明家本茨　　D. 德国发明家戴姆勒

4. 世界上公认的汽车诞生日是（　　）。

A. 1885 年 1 月 29 日　　B. 1886 年 1 月 29 日

C. 1885 年 1 月 19 日　　D. 1886 年 1 月 19 日

5. 卡尔 · 本茨被称为（　　）。

A. 汽车之父　　B. 汽车设计之父　　C. 发动机之父　　D. 马车之父

6. 下列选项中错误的是（　　）。

A. 早期的汽车性能很不可靠，故障频繁，每当汽车抛锚时，开车的人就成为被嘲笑的对象

B. 卡尔 · 本茨发明第一辆汽车时经过了多年不懈的努力，克服了重重困难，并得到了妻子的支持

C. 卡尔 · 本茨的妻子贝尔塔 · 本茨是世界上第一位女性汽车驾驶者

D. 卡尔 · 本茨发明的第一辆汽车使用蒸汽机作为动力

7. 哥特利布 · 戴姆勒与（　　）在 1883 年推出首台戴姆勒卧式发动机，这是世界上第一台真正实用的汽油发动机。

A. 威廉 · 迈巴赫　　B. 卡尔 · 本茨

C. 鲁道夫 · 狄塞尔　　D. 亨利 · 福特

8. 下列说法中错误的是（　　）。

A. 戴姆勒研制的高压点火卧式汽油机的转速相比奥托发动机高 3 倍

B. 卡尔 · 本茨在 1901 年设计了第一辆梅赛德斯汽车

C. 迈巴赫一生最大的传奇在于创造了两个举世闻名的豪华品牌：梅赛德斯与迈巴赫

D. 1885 年，戴姆勒制造出汽油机四轮汽车

9. 第一个基于法国人波 · 迪 · 罗沙四冲程原理而成功制造出四冲程发动机的人是（　　）。

A. 哥特利布 · 戴姆勒　　B. 尼古拉斯 · 奥托

C. 鲁道夫 · 狄塞尔　　D. 克里斯蒂安 · 惠更斯

10. 摩托车的发明者是（　　）。

A. 卡尔 · 本茨　　B. 费迪南 · 保时捷

C. 哥特利布 · 戴姆勒　　D. 威廉 · 迈巴赫

三、判断题

1. “现代汽车”通常是指内燃机汽车，即排除了蒸汽机作为动力的车辆。（　　）

2. 燃气机在道路车辆上得到了广泛的应用。（　　）

3. 1769 年，德国人尼古拉斯 · 古诺制成了世界上第一辆完全凭借自身动力实现行走的蒸汽机三轮车。 (　　)

4. 1898 年，卡尔 · 本茨和两个儿子驾驶着本茨的第一辆三轮汽车旅行，他们成为世界上最早乘坐内燃机汽车进行长途旅行的人。 (　　)

5. 戴姆勒在 1926 年单独创立了戴姆勒汽车公司。 (　　)

6. 1866 年，德国工程师奥托研制出第一台六冲程往复活塞式内燃机。 (　　)

7. 卡尔 · 本茨发明了世界上第一辆四轮汽车。 (　　)

8. 戴姆勒和本茨被公认为是现代汽车鼻祖，带领人类跨越非马车时代，驶入现代汽车的新纪元。 (　　)

9. 内燃机的出现是汽车发展史上的一个崭新起点，使人类进入一个新的技术时代。 (　　)

四、简答题

1. 戴姆勒研制的立式汽油机有什么特点?

2. 汽车诞生的前提条件是什么?

第六节　电动汽车的发展

一、填空题

1. ____________________以四轮马车为基础制造出世界上第一辆靠电力驱动的车辆，因此他被称为“____________________”。

2. 特鲁夫电动三轮车的动力装置由一台__________和 6 个__________________组成，最高车速为______km/h。

3. 1837 年，__________________制作了世界上最初的可供实用的电动四轮车，该车可搭载______人，是历史上第一辆被记录下来的__________电动汽车。

4．美国的第一辆四轮电动汽车是由________________在________年研制成功的，该车可搭乘 6 ~ 12 名乘客。

5．1900 年左右，电动汽车具有___________、___________、___________________的特点，非常适合____性驾驶。

6．1891 年，莱克研制出的三轮电动汽车使用的是________电池，车速可达______km/h。

7．2021 年，中国新能源汽车销售量为____________万辆，同比增长______倍，连续____年位居全球第一。

8．2021 年，全球插电式汽车销量第一的车型是__________________，销量第二的车型是_____________________，销量第三的车型是__________________。

9．特斯拉汽车公司在________年开始开发电动汽车，它是全球第______个生产 100 万辆电动汽车车型的制造商。

二、单项选择题

1．“美国电动汽车之父”是（   ）。

A．安德烈 · 莱克　　B．菲利普 · 普拉特

C．弗莱德 · 金博尔　　D．威廉 · 莫里森

2．1884 年，英国发明家（   ）制造了可充电电动汽车。

A．罗伯特 · 安德森　　B．托马斯 · 帕克

C．安德烈亚斯 · 弗罗克　　D．卡尔 · 本茨

3．1881 年，法国工程师古斯塔夫 · 特鲁夫装配的以铅酸电池为动力的三轮车，是世界上第一辆以（   ）为动力的电动汽车。

A．内燃机　　B．可充电电池　　C．蒸汽机　　D．煤气机

4．（   ）开创了美国电动汽车商业运营的先河。

A．莫里斯和萨罗姆　　B．莫里森

C．普拉特　　D．莱克

5．随着新能源技术的发展，以及人们对环保的强烈呼声，（   ）将成为更多人使用的交通工具。

A．电动汽车　　B．汽油车　　C．柴油车　　D．有轨电车

6．电动汽车是 21 世纪世界汽车工业发展的重要方向，下列选项中，（   ）不是我国发展电动汽车的主要目的。

A．发展电动汽车是保障我国能源安全的重要战略举措

B．发展电动汽车是推进节能减排的现实选择

C．发展电动汽车是我国汽车工业由汽车大国向汽车强国转变的重要途径

D．发展电动汽车能更好地消耗我国生产的大量动力蓄电池

7．世界上第一辆以电池为动力的电动汽车是由（   ）制造的。

A．戴姆勒　　B．安德森　　C．莫里森　　D．弗罗克

8．1996 年，日产汽车推出了 Prairie Joy 电动汽车，这是全球第一辆装备了（   ）电池的电动汽车。

A．太阳能　　　　B．铅酸　　　　C．锂离子　　　　D．镍氢

9．2021 年，全球插电式汽车销量第一的是（　）公司。

A．比亚迪　　　　B．通用　　　　C．特斯拉　　　　D．小鹏

三、判断题

1．第一辆电动汽车的诞生时间早于第一辆燃油汽车。（　　）

2．早期电动汽车基本上都是一些由电池驱动的无马马车。（　　）

3．电动汽车最早出现在法国，托马斯 · 戴文波特装配的以铅酸电池为动力的三轮车是世界上第一辆以可充电电池为动力的电动汽车。（　　）

4．戴维森制作的电动汽车“加尔瓦尼”在当时得到了量产。（　　）

5．莫里斯和萨罗姆驾驶推出的电动汽车“电击”是由货车改造而成的。（　　）

6．19 世纪 90 年代，纽约市的出租车几乎都是电动汽车。（　　）

7．威廉 · 莫里森在芝加哥成立了美国第一家电动汽车公司。（　　）

8．目前，中国是全世界新能源汽车保有量最多的国家。（　　）

9．丰田普锐斯轿车采用的是一种使用两种动力组合的并联式混合动力系统。（　　）

10．丰田普锐斯是世界上最早实现批量生产的混合动力电动汽车。（　　）

四、简答题

在美国，为什么从 1920 年开始，电动汽车就被内燃机汽车所替代？

第七节　汽车外形的变化

一、填空题

1．随着科学技术的发展，从第一辆汽车诞生至今，汽车的外形发生了巨大的变化，汽车的外形发展就轿车而言主要有__________型、________型、____________型、__________型、__________型和________型。

2．从技术上来讲，确定汽车外形有三个因素，包括______________学、____________学

和＿＿＿＿＿＿＿学。

3．在汽车发展的早期，汽车的外形基本上沿袭了＿＿＿＿＿造型，所以当时的汽车又被称为“＿＿＿＿＿＿”。

4．把船型车的后窗玻璃倾斜到极限成为斜背式的车型被称为＿＿＿型。

5．＿＿＿年，第一辆克莱斯勒“气流”样车制成，该车前风窗采用＿＿＿＿＿＿玻璃，俯视整个车身呈纺锤形。

6．甲壳虫型汽车的代表车型除克莱斯勒“气流”外，还有美国的＿＿＿＿＿＿＿＿、日本的＿＿＿＿＿＿、瑞典的＿＿＿＿＿＿＿＿、德国的＿＿＿＿＿＿等。

7．鱼型汽车头部采用过渡的＿＿＿＿＿式车型，尾部采用平顺的＿＿＿＿＿＿式，有利于排气，能防止由气流造成的＿＿＿＿＿＿现象，从而减少了＿＿＿＿＿。

二、单项选择题

1．箱型汽车在高速行驶时的空气阻力大大妨碍了汽车的前进速度，所以人们又开始研究一种新的车型——（　　）型。

A．马车　B．子弹头　C．水滴　D．甲壳虫

2．美国汽车制造商（　　）于1934年制造了世界上第一辆流线型车身的轿车。

A．通用　B．福特　C．克莱斯勒　D．林肯

3．1949年的（　　）是世界上首辆船型汽车，其乘客舱、发动机舱与行李舱分为三段，看起来就像一艘小船，所以人们把这类车叫作“船型汽车”。

A．福特T型车　B．大众甲壳虫轿车

C．福特V8　D．克莱斯勒New Yorker

4．1963年生产的（　　）是世界上第一辆楔型轿车。

A．莱斯勒New Yorker　B．奥兹莫比尔 · 托罗纳多

C．斯蒂培克 · 阿本提　D．福特V8

5．美国（　　）汽车公司在1915年生产出了“箱型汽车”。

A．克莱斯勒　B．戴纳肯　C．福特　D．通用

6．为了克服汽车高速行驶时空气的升力，同时从根本上解决鱼型汽车的升力问题，设计师最终找到了一种新车型——（　　）。

A．锥型　B．船型　C．楔型　D．圆角型

7．1886年，德国戴姆勒试制成功的第一辆汽车，其车身沿用的是（　　）造型。

A．马车　B．二轮车　C．牛车　D．三轮车

8．甲壳虫型汽车以（　　）轿车为代表。

A．林肯 · 和风　B．大众甲壳虫

C．克莱斯勒气流　D．丰田AA

9．1952年，美国通用汽车公司生产的（　　）牌汽车最先采用鱼型造型设计。

A．凯迪拉克　B．雪佛兰　C．欧宝　D．别克

10．鱼型汽车的背部与地面的角度（　　），尾部较长，围绕车身的气流比较平顺，涡流阻力较小。

A．相垂直　B．较大　C．成45°　D．较小

三、判断题

1. 汽车是从马车发展而来的，因此最初的汽车具有马车的样式，唯一不同的是动力源。（ ）

2. 1935 年，美国克莱斯勒公司生产的“气流”轿车，首先采用了流线型的车身外形。（ ）

3. 船型车身的汽车发动机前置，使汽车重心相对前移，风压中心位于汽车重心之后，避免出现横风不稳定的问题。（ ）

4. 鱼型汽车是船型汽车的变形，其尾部过分向后伸出，形成阶梯状，能减少在高速时产生的空气涡流。（ ）

5. 由于船型汽车尾部向后伸出，形成阶梯状，在高速时不会产生较强的空气涡流。（ ）

6. 箱型汽车的行驶阻力阻碍了汽车的高速行驶。（ ）

7. 鱼型造型的汽车能有效地克服汽车的升力问题，使汽车高速行驶时的稳定性得到显著提高。（ ）

8. 从人体工程学的角度考虑，对于车体的设计，首先应该确保驾乘人员有足够的空间，以保证人们能方便地驾驶汽车。（ ）

四、简答题

1. 简述楔型汽车的造型特点。

2. 与甲壳虫型汽车相比，鱼型汽车有什么优点？

第八节　中国汽车发展概况

一、填空题

1．中国最早有汽车是在______年，有 2 辆______________牌汽车运到上海投入使用。

2．中国人第一个拥有私人汽车的是__________，时间是______年。

3．______年__月___日，民生工厂组装出第一辆载货汽车——民生 75 型载货汽车。

4．______年__月___日，在长春隆重举行了第一汽车制造厂的奠基典礼。

5．______年__月___日，第一汽车制造厂制造出中国第一辆汽车——解放 CA10 型载货汽车。

6．到 1965 年底，中国汽车工业形成了“一大四小”5 个汽车制造厂（包括一汽、上汽、北汽、______和______），汽车年生产能力近____万辆。

7．1958 年____月____日，一汽首辆__________轿车试制成功，结束了中国不能制造轿车的历史。

8．______年__月___日，济南汽车制造总厂试制成功第一款重型载货汽车黄河 JN150 型。

9．______年 8 月 16 日，洛阳第一拖拉机制造厂试制成功____________重型越野车，它是我国第一辆重型军用越野汽车。

10．______年___月___日，自主开发的东风 EQ140 型载货汽车（5 吨）投入批量生产。

11．______年____月____日，第一辆神龙富康轿车下线，它是第一款合资生产的两厢家用轿车。

12．______年___月___日，广州本田第一家 4S 店签约，这也是中国第一家汽车 4S 店。

二、单项选择题

1．第二种国产载货汽车是（　　）型。

A．解放 CA10　　B．黄河 JN150　　C．南京 NJ130　　D．东风 EQ140

2．第一汽车制造厂是由（　　）援助中国建设的一家中型载货汽车厂。

A．德国　　B．法国　　C．美国　　D．苏联

3．中国首辆试制成功的轿车是（　　）。

A．一汽红旗牌　　B．一汽东风牌　　C．北京井冈山牌　　D．上海凤凰牌

4．中国生产的第一辆越野车是（　　）。

A．北京 212 型　　B．上海 58 型　　C．长江 46 型　　D．东风 240 型

5．中国第一种自主开发、批量生产的轻型越野车是（　　）。

A．北京 212 型　　B．上海 58 型　　C．长江 46 型　　D．东风 240 型

6．中国汽车行业的第一家合资企业是（　　）。

A．北京吉普汽车有限公司　　B．上海－大众汽车有限公司

C．广州标致汽车有限公司　　　　　　D．一汽－大众汽车有限公司

7．中国民营企业进入汽车制造行业的第一家公司是（　　）。

A．奇瑞　　　B．吉利　　　C．长城　　　D．比亚迪

8．中国成为世界汽车产销第一大国的时间是（　　）。

A．2006 年　　　B．2009 年　　　C．2012 年　　　D．2015 年

三、判断题

1．1994 年 3 月 12 日，国务院批准发布了《汽车工业产业政策》，对汽车工业进行宏观管理。（　　）

2．1992 年 7 月 1 日，第一辆捷达轿车在上海大众汽车厂下线。（　　）

3．1998 年中国生产汽车 100 万辆，进入世界第十位。（　　）

4．夏利是最早进入中国家庭的车型之一，也是当时出租车市场保有量最大的车型。（　　）

5．2000 年“十五”计划中，国家第一次将有关汽车消费、轿车进入家庭列入国家发展规划。（　　）

6．2004 年《汽车产业发展政策》正式实施，推动汽车消费，国内市场巨大的消费潜力被挖掘，中国汽车进入“井喷”时期。（　　）

四、简答题

上海－大众汽车有限公司的建立，对于中国汽车工业的发展具有哪些意义？

第二章　世界汽车工业概况

第一节　德国汽车工业

一、填空题

1．2009 年，中国汽车产销分别完成________万辆和________万辆，首次超越美国和日本，成为世界汽车产销第______大国。

2．全球汽车年产能力约为 1.3 亿辆，2017 年产量最高为________万辆。2021 年，全球汽车产量为________万辆，中国汽车产量达到________万辆。

3．2021 年，世界汽车产量前十名的国家依次是中国、________、________、________、韩国、________、墨西哥、巴西、西班牙、泰国。

4．1877 年 8 月 4 日，奥托取得了____________________专利。

5．1966 年，德国汽车产量排名居世界第____位，一直保持到 2006 年被________超过。

6．德国每年汽车出口额高达约________亿欧元，位居世界第____名。

7．德国汽车公司主要有____________、____________、____________三大汽车集团。

8．梅赛德斯－奔驰集团的创始人主要是____________和____________。

9．梅赛德斯－奔驰集团的前身戴姆勒－奔驰公司创立于______年____月____日。

10．______年____月____日，本茨的莱茵燃气发动机厂改组为奔驰股份有限公司，成为当时世界上最大的__________生产厂商。

11．______年____月____日，戴姆勒机动车有限公司成立，开始批量生产戴姆勒汽车。

12．2007 年，德国汽车产量最高达________万辆，德国汽车企业全球产量共__________万辆。

二、单项选择题

1．中国首次成为世界汽车产销第一大国的年份是（　　）。

A．2007 年　　B．2009 年　　C．2011 年　　D．2013 年

2．奥托于（　　）获得了活塞式非压缩大气发动机的德国专利。

A．1866 年　　B．1867 年　　C．1876 年　　D．1877 年

3．奥托四冲程发动机于（　　）被授予德国 532 号专利。

A．1866 年　　B．1867 年　　C．1876 年　　D．1877 年

4．梅赛德斯－奔驰品牌乘用车销售量最大的市场在（　　）。

A．德国　　B．美国　　C．中国　　D．日本

5．第一辆带有宝马车标的汽车迪克西诞生于（　　）。

A．1913 年　　B．1916 年　　C．1917 年　　D．1929 年

6．德国汽车的特点不包括（　　）。

A．技术先进　　B．造型严谨　　C．耐用保值　　D．价格低廉

7．大众汽车厂正式批量生产第一批“甲壳虫”汽车的时间是（　　）。

A．1937 年 5 月 28 日　　B．1938 年 5 月 26 日

C．1938 年 9 月 16 日　　D．1939 年 8 月 15 日

8．下列选项中，不属于梅赛德斯 – 奔驰集团的汽车品牌是（　　）。

A．西亚特（SEAT）　　B．西星（Western Star）

C．福莱纳（Freightliner）　　D．梅赛德斯 – 奔驰（Mercedes–Benz）

9．属于宝马集团的汽车品牌有宝马（BMW）、劳斯莱斯（Rolls–Royce）和（　　）。

A．迪克西（Dixi）　　B．迷你（MINI）

C．宾利（Bentley）　　D．布加迪（Bugatti）

三、判断题

1．2021 年，世界汽车销量第一的汽车制造商是丰田集团。（　　）

2．现代意义上的汽油机、柴油机、摩托车、汽车均诞生在德国。（　　）

3．奥托非压缩大气发动机具有很好的实用性。（　　）

4．奥托获得的四冲程发动机专利后来被德国法院宣布取消。（　　）

5．2016 年，大众集团汽车销售量首次位居世界第一。（　　）

6．德国汽车的质量和信誉并不高。（　　）

7．Porsche 通常译为“保时捷”或“波尔舍”。（　　）

8．捷达（Jetta）品牌汽车目前畅销全球。（　　）

9．宝马公司除生产乘用车外，还生产重型载货汽车。（　　）

10．大众品牌汽车产量少、价格低，位于低端市场。（　　）

四、简答题

1．德国是如何成为汽车强国的？

2．德国汽车工业的特点有哪些？

第二节 法国汽车工业

一、填空题

1. 早在________年，尼古拉斯 · 古诺就试制成功了世界上第一辆具有实用价值的______________，从而引发了世界性的研究和制造汽车的热潮。

2. 法国化学家__________________被视为煤气机的发明人。

3. 1860 年 1 月 24 日，法国技师埃特尼 · 勒诺瓦赫为他 1859 年制成的以照明煤气为燃料的_______________取得了专利。

4. 目前，法国汽车生产厂商主要有___________和_____________两家。

5. PSA 集团由_____________、___________和____________三家公司合并重组而成。

6. 布加迪汽车的风格可归纳为一流的技术、精湛的_______________、突出外形设计上的____________。

7. 布加迪最具标志性的设计风格是其________形的散热器格栅，这种散热器格栅被人们称为__________形。

8. 几乎在同一时间生产出法国第一批内燃机汽车的公司是_________________和_________________。

9. ________年，法国的汽车产量最高达_________万辆。2021 年，法国汽车产量为________万辆，位列世界第______名。

10. 组成 Stellantis 集团之一的法国公司是_______________。

二、单项选择题

1. 1903 年，世界上第一次汽车生产统计表明，汽车产量最高的两个国家分别是（　　）。
   A. 德国和法国　　B. 法国和美国　　C. 美国和英国　　D. 英国和日本

2. 世界汽车工业的第一座科研中心通常被认为是（　　）。
   A. 本茨莱茵燃气发动机公司　　B. 戴姆勒机动车有限公司
   C. 潘哈德 – 勒伐索机械公司　　D. 戴狄安 – 波顿冶金实验室

3. Stellantis 集团由原菲亚特 – 克莱斯勒集团与（　　）集团合并而成。
   A. PSA　　B. 雷诺　　C. 戴姆勒　　D. 通用

4. 欧宝（Opel）汽车品牌目前归属于（　　）的汽车公司。
   A. 德国　　B. 美国　　C. 法国　　D. 英国

5. 第一个在法国采用流水作业汽车生产线的公司是（　　）公司。
   A. 潘哈德 – 勒伐索　　B. 标致
   C. 雪铁龙　　D. 雷诺

6. 法国汽车的特点之一是（　　）。
   A. 小型车多、两厢车多　　B. 豪华轿车多、三厢车多
   C. 造型严谨、线条挺拔有力　　D. 外形深藏不露、朴实无华

7. 法国汽车工业的特点之一是（　　）。

A. 豪华轿车多　　B. 主要依赖国内市场

C. 生产企业十分分散　　D. 生产企业高度集中

8. 法国工业的三大支柱产业是（　　）。

A. 矿业、冶金、造船　　B. 钢铁、汽车、建筑

C. 服装、香水、飞机　　D. 化学、电器、动力

9. 在（　）以前，法国的汽车产量位居世界第一位，后来被一个个国家所超越。

A. 1906 年　　B. 1919 年　　C. 1956 年　　D. 2002 年

10. 布加迪的品牌精神主要体现在（　　）。

A. 价廉物美　　B. 性能当先　　C. 外形漂亮　　D. 乘坐舒适

三、判断题

1. 尼古拉斯 · 古诺的蒸汽汽车被认为是汽车发展史上的第一个里程碑。（　　）
2. 法国技师埃特尼· 勒诺瓦赫制造出了世界上第一辆具有行驶价值的燃气内燃机汽车。（　　）
3. 人们通常认为是法国人爱德法特 · 戴勒玛 · 戴玻梯维尔发明了汽车。（　　）
4. 布加迪汽车品牌现在归属于德国大众公司。（　　）
5. 雪铁龙公司最先在法国生产汽车。（　　）
6. 标致、雪铁龙、雷诺、布加迪这些汽车品牌名都是品牌创始人的名字。（　　）
7. 布加迪设计制造的第一辆汽车取名为“格利里”（Gulinelli）。（　　）
8. 布加迪跑车价格太贵、实用性不高，目前几乎无人购买。（　　）
9. 目前，法国汽车行业生产了大量著名豪华轿车。（　　）
10. 近年来法国汽车产量屡创新高。（　　）

四、简答题

1. 潘哈德 – 勒伐索公司在汽车历史上的功绩主要有哪些？

2. 为什么说“真正使汽车进入工业化生产的不是德国而是法国”？

3．为什么说“豪华车成为法国汽车工业的遗憾”？

4．现在的布加迪汽车具有哪些特色？

第三节　意大利汽车工业

一、填空题

1．1884 年，__________________将自己研制的汽油机安装到木制三轮车上，这辆车被认为是意大利的第一辆内燃机汽车。但是，直到______年，米阿里 – 朱斯蒂（Miari & Giusti）公司才正式生产出这种汽车。

2．在意大利汽车工业的早期，所有的汽车销售都无一例外地和________联系在一起。

3．世界上最早专为比赛修建的赛车道（赛车场）前三位分别是：1907 年 6 月 17 日建成的英国萨里______________；1909 年 8 月 19 日建成的美国__________________；1922 年 9 月 3 日启用的意大利___________。

4．1980 年左右，意大利汽车产量位居世界第______位，年产量 200 万辆左右；1989 年最高产量为______万辆。从______年开始，意大利汽车年产量少于 100 万辆。

5．“愤怒的公牛”通常是指______________汽车，其原因是该品牌标志上面有_________________。

6．________是世界汽车造型发展的中心，________则是汽车造型设计的圣地。

7．________年 7 月 11 日，乔瓦尼 · 阿涅利买下成立不久的______________公司及其设计的原型车，在意大利北部工业城市__________建起一家汽车厂。

8．“玛莎拉蒂 1 号车”——Maserati Tipo 26，其中“26”表示_____________。

9．1908 年，兰西亚生产出第一辆汽车，汽车型号为________________，后来改名为______________。

10. 意大利汽车工业的特点之一是______一家独大，______超强，______走弱。

二、单项选择题

1. 世界第一条专为汽车比赛修建的赛道是（　　）。
   A. 德国纽博格林　　B. 英国布鲁克兰
   C. 美国印第安纳波利斯　　D. 意大利蒙扎
2. 菲亚特公司主要进行量产运动车型改装的品牌是（　　）。
   A. 菲亚特（Fiat）　　B. 阿尔法－罗密欧（Alfa Romeo）
   C. 兰西亚（Lancia）　　D. 阿巴斯（Abarth）
3. 菲亚特（Fiat）汽车公司名字的来源是（　　）。
   A. 公司所在地的名字　　B. 公司创始人的名字
   C. 伦巴第汽车工厂的缩写　　D. 意大利都灵汽车厂的缩写
4. 意大利汽车设计师特别强调的口号是“（　　）”。
   A. 艺术生产　　B. 与众不同　　C. 现代思维　　D. 传统工艺
5. 目前，意大利的主要汽车生产厂家是（　　）汽车公司。
   A. 法拉利　　B. 兰博基尼　　C. 菲亚特　　D. 玛莎拉蒂
6. 下列选项中，属于意大利汽车品牌创立时间最晚的是（　　）。
   A. 法拉利　　B. 兰博基尼　　C. 菲亚特　　D. 玛莎拉蒂
7. 意大利汽车工业的特点之一是（　　）。
   A. 汽车产量不断增加　　B. 汽车厂家多而小
   C. 轿车超强　　D. 跑车超强
8. 意大利国内市场销售的汽车，除本国产品外，外国品牌汽车占市场份额前两位的国家分别是（　　）。
   A. 美国和日本　　B. 德国和法国
   C. 中国和日本　　D. 德国和英国
9. 阿尔法－罗密欧被认为是现代（　　）的标志。
   A. 运动轿车　　B. 赛车　　C. 超级跑车　　D. 豪华轿车
10. 屡创老爷车最高价格纪录的汽车是（　　）。
   A. 法拉利　　B. 兰博基尼　　C. 菲亚特　　D. 玛莎拉蒂

三、判断题

1. 意大利人恩里科 · 伯纳德于 1884 年发明了汽车。（　　）
2. 近年来意大利汽车产量逐年下降。（　　）
3. 第一次世界大战前后，意大利汽车工业进入了高速发展时期。（　　）
4. 意大利各家车厂的车身造型设计能力都不高。（　　）
5. 意大利国内汽车市场的国产品牌汽车占有市场份额保持在 70% 以上的水平。（　　）
6. 意大利汽车生产几乎被法拉利公司一家所垄断。（　　）
7. 2021 年，意大利汽车生产量位居世界第 12 位。（　　）

8．菲亚特品牌的汽车主要是小型车和微型车。（　　）

9．阿尔法－罗密欧汽车公司早期主要生产跑车和赛车。（　　）

10．法拉利汽车出名的原因主要是它的产量大。（　　）

四、简答题

1．意大利是汽车造型设计的圣地，主要有哪些专业设计室？

2．意大利汽车设计的特色表现在哪些方面？

3．为什么说“法拉利几乎成了超级跑车的代名词”？

4．意大利跑车的主要特点有哪些？

第四节　英国汽车工业

一、填空题

1．______年，英国人______________________在伦敦制成了能载客8人，形状类似于公共马车的蒸汽机公共汽车。这是第一辆__________乘用车，成为蒸汽机______________的先驱。

2．人们对“谁制造了英国第一辆内燃机汽车”还有争议。一般认为是______年，由弗雷德里克 · 布雷默制造了英国第一辆以内燃机为动力的汽车，该车取名为__________。

3．英国汽车产量在________年超过法国，位居世界第______位，直至 1955 年。

4．______年，英国汽车产量高达______万辆，成为欧洲首个汽车产量破百万的国家，汽车工业的规模仅次于美国。

5．1922 年，英国有______家汽车公司；到 1929 年，剩下______家公司。到第二次世界大战前，原来的 24 家汽车企业减少到______家。

6．1952 年，由__________________和__________________联合，组成英国汽车公司（British Motor Corporation Limited，BMC）。

7．1968 年，英国对汽车工业进行了历史上规模最大的改组，英国汽车公司与__________________、______________携手，成立了英国利兰公司（British Leyland Motor Corporation Ltd.，BLMC）。

8．1978 年，英国利兰公司更名为__________________________；1986 年，英国利兰更名为______________________；2000 年，罗孚集团经过多次重组和子公司剥离，组建新的______________，直至 2005 年破产。

9．英国有两所在汽车设计界赫赫有名的设计院校：____________________________和________________________。

10．英国汽车行业直接相关（制造、供应、零售和维修）就业人数约______万人，其中从事汽车制造业的约______万人。

11．英国汽车年产能力超过______万辆，汽车发动机生产能力超过______万台，其中出口比例为_____% 以上。

12．由于英国汽车固有的______________和悠久的________________，使其成为顶级品牌的聚集地，并成为豪华车的代名词。

二、单项选择题

1．早期英国汽车的发展主要依赖于（　　）。

A．英国和意大利　　B．英国和法国

C．德国和英国　　D．德国和法国

2．蒸汽机公共汽车的先驱者是（　　）。

A．法国的尼古拉斯 · 古诺　　B．英国的理查德 · 特雷威蒂克

C．德国的尼古拉斯 · 奥托　　D．英国的弗雷德里克 · 布雷默

3．欧洲首个汽车年产量破百万的国家是（　　）。

A．德国　　B．法国　　C．英国　　D．意大利

4．第一辆“莲花”汽车 Mark 1 型车是由（　　）汽车改装而成。

A．德国宝马迪克西　　B．英国 Mini

C．日本日产达特桑　　D．英国奥斯汀 7 型

5．英国汽车外形设计通常具有（　　）的特点。

A．古朴典雅、雍容华贵　　B．极富动感、高度流线型

C．时尚潮流、精巧灵活　　D．挺拔有力、朴实无华

6．1968 年 1 月 17 日，英国对汽车工业进行了历史上规模最大的改组，成立了（　　）公司。

A．罗孚集团（Rover Group）　　B．MG 罗孚集团（MG Rover Group）

C．英国汽车公司（BMC）　　D．英国利兰公司（BLMC）

7．欧洲汽车设计造型发展中心主要有两个国家，即（　　）。

A．英国和意大利　　B．英国和法国　　C．德国和英国　　D．德国和法国

8．中国目前拥有的英国汽车品牌是奥斯汀、路特斯、伦敦出租车和（　　）等。

A．MINI　　B．MG　　C．路虎　　D．宾利

9．英国汽车工业的特点之一是（　　）。

A．发动机设计制造水平高　　B．底盘设计制造水平高

C．车身设计制造水平高　　D．电气设备设计制造水平高

10．英国汽车工业的特点之一是（　　）处于统治地位。

A．汽车制造行业　　B．汽车回收行业

C．汽车销售行业　　D．赛车行业

三、判断题

1．早期的英国内燃机汽车得到了人们的广泛支持。（　　）

2．英国汽车品牌 MG 现在属于中国上汽，又被称为名爵。（　　）

3．英国人发明了最早的动力机器蒸汽机。（　　）

4．英国人最早生产出了蒸汽机载客汽车。（　　）

5．英国人发明了最早的汽油机汽车。（　　）

6．“Lotus”汽车的中文名以前叫“莲花”，属于意译。（　　）

7．“Lotus”汽车的中文名在 2011 年被改为“路特斯”，属于音译。（　　）

8．劳斯莱斯汽车以前也叫罗尔斯 – 罗伊斯汽车。（　　）

9．目前的宾利汽车是由原来的劳斯莱斯工厂生产的。（　　）

10．捷豹和路虎汽车品牌现在属于中国奇瑞汽车公司。（　　）

四、简答题

1．《红旗条例》对于英国汽车工业的危害性有哪些？

2．为什么说英国是世界赛车业的领导者？

3．英国汽车的特点有哪些？

第五节　美国汽车工业

一、填空题

1．美国__________汽车公司是全球在中国最大的单一市场，也是第______家在中国年销售突破400万辆的汽车公司。

2．克莱斯勒公司目前主要保留有克莱斯勒、______________、______________和_____________这四个汽车品牌。

3．美国现代汽车的开山鼻祖是_______________和__________________________兄弟，他们成功制造出了美国首辆内燃机汽车。

4．1950年左右，美国轿车外观最重要的特征为具有____________，这一特征在______汽车公司车系中最为突出。

5．________是目前全球电动汽车销量最多的美国汽车公司，也是世界上第一个批量采用_______电池的电动汽车公司。

6．福特汽车公司主要生产________和________品牌的汽车。

7．美国著名的汽车公司有__________、__________、______________和__________等，因经济不景气，其中____________已经与菲亚特汽车公司合并。

8．美国汽车生产成本高，汽车品牌不断________，市场处于________状态。

9．________年，美国开始量产汽车，随后汽车产量超过了________，一跃成为汽车头号强国。

10．美国汽车工业取得成功的关键在于把生产的________作为出发点，追求生产布置的__________和利润的__________。

二、单项选择题

1．福特公司首创了汽车（　　）生产方式，世界汽车工业革命就此开始。

A．大规模工厂化　　B．一体化

C．整装　　D．大规模流水线

2．1928 年，克莱斯勒通过（　　）交易的方式买下了道奇公司。

A．垄断　　B．股票　　C．合并　　D．投资

3．被称为“汽车大王”的是（　　）。

A．亨利 · 福特　　B．威廉 · 杜兰特

C．恩佐 · 法拉利　　D．卡尔 · 本茨

4．生产凯迪拉克、别克和雪佛兰等著名品牌的汽车公司是（　　）。

A．福特　　B．通用　　C．大众　　D．雪铁龙

5．美国汽车的突出优点是（　　）。

A．豪华气派　　B．价格低廉　　C．经济舒适　　D．外形洒脱

6．第一个大批量流水线生产的汽车是（　　）。

A．Mini 车　　B．福特 T 型车

C．大众甲壳虫车　　D．大众高尔夫车

7．（　　）生产的汽车以其空间宽大、悬挂柔软、大扭力、粗线条等特点，成为安全舒适豪华的代表。

A．美国　　B．德国　　C．日本　　D．意大利

8．世界上最早执行排放法规的国家是（　　）。

A．德国　　B．日本　　C．中国　　D．美国

9．下列品牌中，（　　）品牌属于美国汽车品牌。

A．别克　　B．沃尔沃　　C．保时捷　　D．雪铁龙

10．把福特大批量流水线生产方式引入法国是（　　）公司。

A．雪铁龙　　B．标致　　C．雷诺　　D．勒瓦索

三、判断题

1．在流水线上生产福特 T 型车降低了生产成本，推动了汽车的广泛普及。（　　）

2．美国通用汽车公司的创建人是威廉 · 杜兰特。（　　）

3．美国历史上的第一场汽车比赛是在底特律举行的。（　　）

4．美国通用汽车公司现在是世界上最大的汽车制造企业，其于 1908 年成立于美国洛杉矶。（　　）

5．美国现在是世界上生产汽车和汽车保有量最多的国家。（　　）

6．美国汽车具有车型单一、体积庞大等缺点。（ ）

7．1895 年，杜里埃兄弟建立了美国第一家制造汽油发动机的杜里埃汽车公司，开创了美国汽车制造业的历史。（ ）

8．美国汽车工业基础扎实，电动汽车及智能汽车技术和生产能力引领世界。（ ）

9．通用汽车公司旗下的品牌包括凯迪拉克、别克、雪佛兰和雪铁龙。（ ）

10．1970 年，为了减少汽车排出的有害物质，世界各国的汽车生产商开始大量采用电子燃油喷射装置。（ ）

四、简答题

1．为什么说福特 T 型车在汽车历史上具有划时代意义？

2．美国汽车的特点有哪些？

第六节　日本汽车工业

一、填空题

1．________汽车公司是全球各大汽车厂商中唯一将转子内燃机汽车投入批量生产的汽车制造商。

2．汽车起源于________，发展于法国，成熟于美国，挑战于________，兴旺于中国。

3．日本的第一家汽车制造企业是________年成立的________________。

4．丰田汽车公司的创始人为________________。

5．日本摩托车之父是____________。

6．丰田公司的高端品牌是指________________，本田公司的高端品牌是指____________，日产公司的高端品牌是指________________。

7．作为日本的支柱产业，汽车工业在解决就业方面发挥了巨大作用，日本汽车及汽车相关产业就业人口约为______万人。

8. ________年4月，吉田真太郎和内山驹之助采用福特A型车的发动机，制造出日本第一辆汽油机汽车——______________，从此，现代意义上的汽车在日本诞生。

9. 日本汽车产量在_______年超过德国，位居世界第______位。

10. 丰田汽车公司在________年取代通用汽车公司成为世界上汽车产销量最大的汽车生产商。

二、单项选择题

1. 日本人对世界汽车工业的最大贡献之一就是开创了“（　　）”。
A. 流通生产法　　B. 本田生产方式
C. 活动板生产方式　　D. 精益生产方式

2. 下列选项中，不属于日本汽车公司的是（　　）汽车公司。
A. 丰田　　B. 本田　　C. 起亚　　D. 斯巴鲁

3. 日产公司车标上的字母为（　　）。
A. ISUZU　　B. NISSAN　　C. HONDA　　D. TOYOTO

4.（　　）不属于日本汽车工业的特点。
A. 汽车创新、设计、生产技术水平较高
B. 以小型汽车生产为主，豪华型汽车生产能力不断增强
C. 产能旺盛，国内汽车市场接近饱和
D. 出口少，依赖国内市场

5. 日本汽车通常具有（　　）的特点。
A. 质量好、可靠性高　　B. 维修和零配件费用高
C. 车身设计制造水平低　　D. 豪华气派，有贵族风格

6. 1960年左右，日本从国外引进技术，日本汽车以其（　　）的优势源源不断地进入了世界市场。
A. 物美价廉　　B. 豪华气派
C. 车身设计制造水平高　　D. 造型美观

7.（　　）汽车工业终结了美国和欧洲汽车制造商主宰汽车经济的主导地位。
A. 韩国　　B. 日本　　C. 印度　　D. 中国

8. 日本第一辆蒸汽公共汽车的制造者是（　　）。
A. 吉田真太郎　　B. 山场
C. 内山驹之助　　D. 桥本益二郎

9. 日本历史上首款量产型汽车是（　　）。
A. 太古里1号　　B. DAT汽车　　C. 脱兔　　D. 三菱A轿车

10. 2021年，（　　）公司汽车产销量继续位列世界第一。
A. 通用　　B. 大众　　C. 丰田　　D. 标致

三、判断题

1. 本田公司和铃木公司都是从生产摩托车转为生产汽车的。（　　）

2. 斯巴鲁汽车的第一大市场在中国。 ( )

3. 1938 年 11 月 3 日，丰田汽车总厂举行了隆重的开工典礼，这一天也作为其正式创立的纪念日。 ( )

4. 马自达汽车公司最早是制造三轮汽车的，1960 年才开始生产轿车。 ( )

5. 日产公司生产的汽车车型很多，但汽车品牌只有日产一个。 ( )

6. 2006 年，日本汽车产量达到了 1 148.42 万辆，成为世界第一大汽车生产国。( )

7. 日本的汽车工业改变了世界汽车经济的格局，终结了美国和欧洲汽车制造商主宰汽车经济的主导地位。 ( )

8. 日产汽车公司为解决处境艰难的问题，选择与福特汽车公司结成联盟。 ( )

9. 2021 年，本田汽车在中国销量位居日系汽车品牌第一。 ( )

10. 1933 年底，日本产业公司和户田铸造公司（即 Dat 公司）合资成立日产汽车制造股份公司。 ( )

四、简答题

1. 简述日本汽车工业发展的起步阶段。

2. 日本汽车的特点有哪些？

第七节　韩国汽车工业

一、填空题

1. 韩国乘用车的起源斯柏越野车，是用________改制而成的，该车安装了韩国制造的发动机，自制率已经达到____%。

2. 韩国真正意义上的汽车生产始于______年，韩国与________汽车公司进行技术合作生产。

3．1970 年，亚细亚汽车株式会社选择与意大利的____________汽车公司合作造车；1967 年，现代汽车株式会社选择与_________汽车公司合作造车。

4．1974 年，___________汽车公司首次开发成功______________轿车，开创了韩国汽车出口的先河。

5．______年，韩国汽车产量超过 100 万辆；1994 年，韩国汽车产量位居世界第____位。

6．1981 年，韩国政府对汽车工业进行整合，乘用车的生产主要集中在___________汽车公司和___________汽车公司。

7．2000 年以后，韩国汽车出口及进军海外市场的助推器为汽车工业的_____________和__________________。

8．1976 年，起亚收购了___________汽车公司；1999 年，起亚汽车公司又被___________汽车公司收购。

9．起亚公司创建于_________年，最早开始生产的是_________汽车。

10．目前，韩国的双龙汽车公司被__________________________公司收购，大宇客车公司被___________________公司收购。

二、单项选择题

1．韩国最早从事汽车生产的公司是（　　）汽车公司，从 1962 年开始批量生产汽车。

A．起亚　　B．现代　　C．大宇　　D．双龙

2．起亚汽车于 1974 年与日本马自达合作成功推出了韩国第一辆汽油机乘用车（　　）。

A．斯柏（Sibal）　　B．布里萨（Brisa）

C．普兰特（Pride）　　D．小马（Pony）

3．韩国大宇汽车公司目前被（　　）汽车公司收购。

A．美国福特　　B．韩国现代　　C．美国通用　　D．德国大众

4．韩国汽车工业发展模式主要是（　　）。

A．自主发展　　B．合资　　C．外商独资　　D．完全进口

5．韩国最大的汽车公司是（　　）汽车公司。

A．双龙　　B．三星　　C．现代　　D．大宇

6．1980 年左右，（　　）掀起了第三次世界汽车工业浪潮。

A．美国　　B．日本　　C．中国　　D．韩国

7．下列选项中，不属于韩国汽车工业特点的是（　　）。

A．重视自主开发能力的培育　　B．走集团化发展的道路，以出口为导向

C．厂家多，产量少　　D．全球化经营，发展速度快

8．在韩国汽车工业发展初期，韩国的汽车生产受（　　）汽车企业的影响非常大。

A．德国　　B．日本　　C．英国　　D．美国

9．下列选项中，不是韩国汽车品牌的是（　　）。

A．现代　　B．起亚　　C．欧宝　　D．捷尼赛思

10．下列选项中，不属于韩国汽车特点的是（　　）。

A．配置花哨　　B．外观漂亮　　C．实用省油　　D．耐用性好

三、判断题

1．亚洲金融危机成为韩国汽车工业发展史上的分水岭。（　）

2．2000 年以后，韩国汽车工业主要以扩大内需来实现增长。（　）

3．三星汽车公司被法国雷诺公司汽车收购。（　）

4．韩国现代汽车公司创建于 1967 年，创建人是郑周永。（　）

5．韩国汽车出口量和进口量都排在世界前列。（　）

6．韩国氢燃料电池汽车发展较快。（　）

7．2021 年，现代汽车全球总销量增长，但在中国销量下滑。（　）

8．现代汽车公司自主生产的“小马”轿车意味着韩国是世界上第 16 个能够完全自行生产轿车的国家。（　）

9．现代汽车的车身结构在用料方面投入高，装配工艺标准高。（　）

四、简答题

1．韩国汽车的特点有哪些？

2．目前，韩国汽车生产企业的兼并情况如何？

第八节　中国汽车工业

一、填空题

1．中国第一次生产出汽车的年份是____________年，在辽宁迫击炮厂，工厂位于今天的__________市，汽车被命名为“____________”。

2．________年，中国汽车产量首次突破百万辆；________年，中国汽车产量进入世界第十位；________年，中国汽车产量超过德国而位居世界第三位；________年，中国首次超越美国和日本，成为世界汽车产销第一大国。

3．2021 年，中国汽车出口量为________万辆，同比增长______%，创历史新高。

4．长安公司是我国第一家兵工企业。它发端于 1862 年“洋务运动”的______，成型于抗战时期的___________，成长壮大于_________，兴旺发达于改革开放。

5．2021 年，中国汽车销量前十名的企业（集团）共销售汽车________万辆，占汽车销售总量的____%。

6．2021 年，__________集团全年实现整车销售中国第一，___________集团全年实现整车销售中国第二。

7．浙江吉利控股集团始建于______________年，1997 年进入汽车行业，其总部位于__________市。

8．长城汽车股份有限公司目前主要生产________、________和______等车型。

二、单项选择题

1．东风汽车公司的前身是 1969 年始建于湖北十堰的（　　）。

A．第一汽车制造厂　B．第二汽车制造厂

C．上海汽车公司　D．比亚迪汽车公司

2．中国长安汽车集团股份有限公司是中国兵器装备集团公司、中国航空工业集团公司对旗下汽车工业进行战略重组，成立的一家特大型企业集团，总部设在（　　）。

A．广州　B．重庆　C．上海　D．北京

3．“解放”“红旗”汽车品牌属于（　　）。

A．华晨汽车集团控股有限公司　B．第二汽车制造厂

C．第一汽车集团公司　D．上海汽车工业（集团）总公司

4．北汽集团是中国汽车行业骨干企业之一，主要包括整车制造、（　　）制造、服务贸易、研发和改革调整五大平台，是北京汽车工业的发展规划中心、资本运营中心、产品开发中心和人才中心。

A．安全防护　B．发动机　C．动力总成　D．零部件

5．中国第一辆自制汽车是（　　）汽车。

A．中圆牌　B．红旗牌　C．东风牌　D．民生牌

6．第一汽车制造厂于（　　）年 7 月 15 日破土动工，中国汽车工业从此起步。

A．1951　B．1952　C．1953　D．1954

7．中国第一汽车集团的总部位于（　　）市。

A．哈尔滨　B．长春　C．沈阳　D．上海

8．下列选项中，属于中国汽车自主品牌的是（　　）。

A．欧尚　B．现代　C．大众　D．起亚

9．下列选项中，不属于中国汽车自主品牌的是（　　）。

A．长城　B．吉利　C．捷达　D．奇瑞

10．作为电动汽车领域的领跑者和全球充电电池产业的领先者，（　　）汽车公司掌握了关系电动汽车成败的关键一环——动力电池核心技术。

A．奇瑞　　B．比亚迪　　C．吉利　　D．东风

11．新中国成立之初，第一汽车制造厂的建设得到了（　　）的支援。

A．英国　　B．法国　　C．苏联　　D．美国

三、判断题

1．广州汽车工业集团有限公司的前身为成立于1997年6月的广州汽车集团有限公司。（　　）

2．1956年，第一辆国产解放牌载货汽车诞生，结束了中国不能生产汽车的历史。（　　）

3．奇瑞控股集团有限公司创建于2000年，总部位于安徽合肥。（　　）

4．长安汽车集团股份有限公司的总部位于陕西西安。（　　）

5．北京吉普和上海大众两家合资汽车公司的成立加速了中国汽车工业的发展进程。（　　）

6．比亚迪是全球首家正式宣布停产燃油汽车的汽车生产商。（　　）

7．长城汽车股份有限公司主要拥有哈弗、启辰、欧拉和大通等自主汽车品牌。（　　）

8．我国最早的汽车整车合资企业为上海大众汽车有限公司。（　　）

9．中国汽车工业的建立是以长春第一汽车制造厂的建成投产为标志的。（　　）

10．中国汽车产销量从2009年开始连续位居世界第一。（　　）

四、简答题

1．中国汽车工业经历了哪些不同的发展阶段？

2．简述中国一汽集团、东风汽车集团、长安汽车集团、吉利汽车公司、奇瑞汽车公司目前所拥有的汽车自主品牌名称。

第三章　著名汽车标志

第一节　德　　国

一、填空题

1．梅赛德斯－奔驰（Mercedes-Benz）汽车在欧洲通常被称为＿＿＿＿＿＿＿＿，在中国通常被称为＿＿＿＿＿。

2．梅赛德斯－奔驰品牌是由两个汽车品牌合并而成的：梅赛德斯是原＿＿＿＿＿＿＿＿公司的品牌，奔驰是原＿＿＿＿＿公司的品牌。

3．斯马特（Smart）车标由字母＿＿＿＿＿＿和＿＿＿＿＿＿组成。前者代表 Compact，意为紧凑设计、＿＿＿＿＿＿汽车；后者表示＿＿＿＿＿＿的思想，寓意节能、环保、低碳的超前思维和生活方式。

4．保时捷车标图案采用的是公司所在地＿＿＿＿＿＿＿的徽章和保时捷发源地＿＿＿＿＿＿＿＿＿＿的徽章的结合。

5．大众（VW）车标的图形是德文＿＿＿＿＿＿＿＿＿＿＿＿＿＿词组的第一个字母。

6．1902 年，欧宝自行设计并生产出了第一辆欧宝汽车。1929 年，欧宝成为美国＿＿＿＿＿＿＿＿公司的子公司。2017 年，欧宝被出售给法国＿＿＿＿＿＿＿＿＿。

二、单项选择题

1．梅赛德斯－奔驰车标中的三叉星（　　）。

A．作为吉祥、成功、胜利、荣誉的象征

B．表达在陆、海、空三个领域实现机动化的夙愿

C．表示三位创始人的团结一心

D．表示在三维空间不断发展

2．梅赛德斯－奔驰车标有两种，但都突出其（　　）图案。

A．“MERCEDES” 和 “BENZ”　　B．月桂枝

C．三叉星　　D．圆圈

3．宝马汽车 2020 年版标志是（　　）。

A．

B．

C. 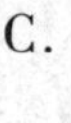

D. 

4．宝马汽车标志的圆形蓝白图案源于（　　）。

A．蓝天白云　　B．巴伐利亚州的州旗是蓝白相间的

C．发动机螺旋桨　　D．宝马汽车具有飞机一样的动力

5．保时捷标志中使用了斯图加特市的徽章，如图（　　）所示。

A.

B.

C.

D.

6．奥迪（Audi）的标志是四家公司——（　　）联合的产物。

A．霍希（Horch）、奥迪（Audi）、DKW、漫游者（Wanderer）

B．霍希（Horch）、纳苏（NSU）、DKW、漫游者（Wanderer）

C．奥迪（Audi）、DKW、纳苏（NSU）、漫游者（Wanderer）

D．奥迪（Audi）、霍希（Horch）、DKW、纳苏

7．下列车标中，梅赛德斯－奔驰的车标是（　　）。

A.

B.

C.

D.

三、判断题

1．迈巴赫（Maybach）现在已成为梅赛德斯－奔驰的子品牌。　　（　　）

2．德文巴伐利亚发动机公司（Bayerishe Motoren Werke GmbH）的缩写在中文里称为“宝马”。（　　）

3．宝马汽车标志的蓝白图案象征着蓝天白云。（　　）

4．保时捷（Porsche）过去被译为“波尔舍”。（　　）

5．汽车品牌名曼（MAN）的意思源于“像男人一样有力的汽车”。（　　）

四、简答题

为什么车标对汽车企业来说十分重要？

第二节　法　　国

一、填空题

1．标致（Peugeot）车标的图案主要是一头__________，使其成为一个无限追求高质量企业的_______。

2．标致品牌从最初的设计到今天，经历了无数变化，但品牌的象征_________一直保留到现在。

3．双人字造型是_______汽车标志永恒的主题，以此纪念其创始人。

4．文图瑞（Venturi）采用 V 形标志，V 既代表____________，也表示______________，象征着文图瑞跑车能像雄鹰一样展翅飞翔，不断取得胜利。

5．布加迪（Bugatti）车标外形呈_______形，其形状是技术和优雅的完美表现；中间是大写英文字母“BUGATTI”，上边是拼在一起的两个字母“EB”，它是创始人_____________________________的英文名缩写，周边一圈 60 个小圆点象征__________，希望布加迪汽车能永远不停地转动。

二、单项选择题

1．雪铁龙（Citroen）公司用两对人字齿轮的齿形作为标志，源于（　　）。

A．创始人雪铁龙非常喜欢人字齿轮形状　B．雪铁龙公司早期主要生产齿轮

C．人字齿轮体现了以人为本的思想　D．人字齿轮寓意人人吉祥如意

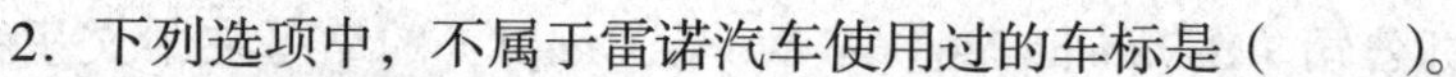
2．下列选项中，不属于雷诺汽车使用过的车标是（　　）。

A. 

B. 

C. 

D. 

3．下列选项中，标致汽车最新的车标是（　　）。

A. 

B. 

C. 

D. 

4．下列选项中，不是雪铁龙汽车使用过的车标是（　　）。

A. 

B. 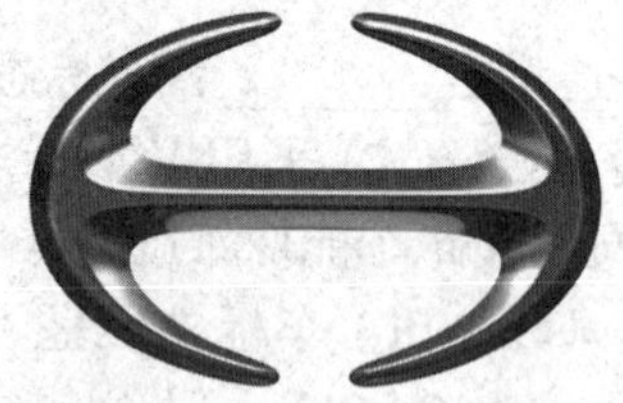

C. 

D. 

5．下列选项中，雪铁龙汽车使用过的车标是（　　）。

A.

B.

C.

D.

三、判断题

1．标致公司的狮形标志首次出现于标致锯条产品上。（　　）

2．布加迪早期曾用“立象”雕塑作为汽车标志。（　　）

3．谛艾仕（DS）现在属于雪铁龙的子品牌。（　　）

4．中国香港、澳门最初使用“雪铁龙”这个中文译名，后来曾改称为“先进”。（　　）

5．雷诺（Renault）车标是一个菱形，其标志从未改变过。（　　）

四、简答题

雷诺（Renault）车标的主要含义有哪些?

第三节　意　大　利

一、填空题

1．2020 年初，菲亚特标志又有了全新的变化。新车标没有了红色背景和银色边框的圆形光盘，只留下了简洁的______字样，新字体统一了笔画______。

2．法拉利（Ferrari）车标中部是____________的金黄色底色和黑色________。黄色是法拉利故乡____________的代表颜色。上部的绿、白、红三色是意大利的______色。

3．玛莎拉蒂（Maserati）车标设计灵感来源于公司所在地博洛尼亚市（Bologna）市徽__________________，他手中握有显示其巨大威力的武器__________。

4．兰西亚（Lancia）在意大利语中的意思是________，它是中世纪骑士手中的武器，并挂上一面旗帜，作为______标记，兰西亚也是其创始人的名字。

5．阿巴斯（Abarth）车标是一只________的造型。

二、单项选择题

1．下列选项中，菲亚特汽车品牌曾经使用过的标志是（　　）。

A．

B．

C．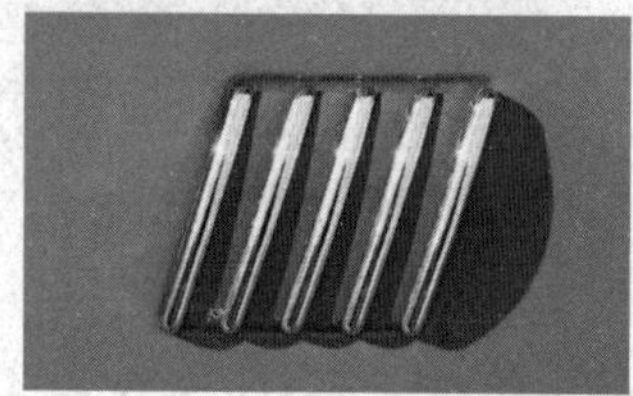

D．

2．车标上有一头浑身充满力量、正向对方攻击的猛牛，这是（　　）标志。

A．兰博基尼　　B．法拉利　　C．保时捷　　D．捷豹

3．阿巴斯（Abarth）标志选用蝎子来造型，除了蝎子一直都是一个受到很多人喜欢的图案，而且不容易被模仿；蝎子是一种护身符和避邪物——寓意保护主人避开危险，人们给蝎子赋予了超自然的能力；还有（　　）的原因。

A．蝎子外形像螃蟹，其外壳有较强的保护力

B．蝎子非常珍贵和稀少

C．蝎子爬得快，对于运动型轿车的标志来说很合适

D．创始人卡尔 · 阿巴斯的出生日期属于天蝎座

4．下图中所示的图案是（　　）标志设计的灵感之一。

A．阿尔法 - 罗密欧　　B．保时捷

C．兰博基尼　　D．法拉利

三、判断题

1．为了坚持传统，菲亚特汽车标志一直没有改变过。（　　）

2．阿尔法－罗密欧车标图案主要由左边的十字和右边的龙形蛇组成。（　　）

3．阿尔法－罗密欧车标图案右边的龙形蛇，它是蛇的身体和龙的头合成的怪兽，有人称之为“蛇”，有人称之为“龙”，图案由蛇演变成龙。（　　）

4．法拉利标志下面的“SF”是为了纪念 1929 年建立的法拉利“飞毛腿”赛车俱乐部（Scuderia Ferrari）。（　　）

5．玛莎拉蒂既是汽车品牌名字、汽车公司名字、公司创始人名字，又是公司所在地的名字。（　　）

四、简答题

法拉利汽车有三个不同的标志，它们分别安放在汽车车身的什么地方？

第四节　英　国

一、填空题

1．劳斯莱斯车标有两个：一个是______，还有著名的“__________”立体标志。

2．宾利（Bentley）过去一直被译为“__________________”。宾利汽车曾使用过侧身的_________________“B”字立体商标。

3．宾利车标为一凌空翱翔的_________________________，象征着宾利公司在全球范围内____________________的能力。

4．阿斯顿·马丁（Aston Martin）车标为一只展翅飞翔的________，寓示着阿斯顿·马丁汽车具有从天而降的______________和志向远大的__________。

5．捷豹的车标有两个：一个是_______________，一个是______________。

6．罗孚（Rover）是北欧的一个民族，他们有着精湛高深的________技术，被誉为海上的猛虎，因此罗孚汽车就采用了________的图案作为标志。

二、单项选择题

1. 劳斯莱斯汽车品牌现归属于（　　）。

A. 德国大众汽车公司　　B. 德国宝马汽车公司

C. 英国罗孚集团　　D. 英国利兰公司

2. 迷你（Mini）汽车品牌现归属于（　　）。

A. 德国大众汽车公司　　B. 德国宝马汽车公司

C. 英国罗孚集团　　D. 英国利兰公司

3. 下列车标中没有"翅膀"图形的品牌是（　　）。

A. 阿斯顿 · 马丁　　B. 宾利

C. MG　　D. 迷你

4. 路特斯（Lotus）汽车品牌标志上的 4 个重叠字母"ACBC"，其含意是（　　）。

A. "创意为先、冒险至上"的缩写字母

B. 创始人女友姓名全称的缩写字母

C. 创始人查普曼姓名全称的缩写字母

D. 作为装饰用，没有具体意义

5. 捷豹汽车品牌现归属于（　　）。

A. 英国罗孚集团　　B. 中国上汽集团

C. 美国福特公司　　D. 奇瑞控股集团

6. 下列选项中，真正意义上还属于英国的汽车品牌是（　　）。

A. 路特斯（Lotus）　　B. 宾利（Bentley）

C. 摩根（Morgan）　　D. 捷豹（Jaguar）

三、判断题

1. 宾利汽车品牌现归属于德国宝马汽车公司。（　　）
2. MG 和路特斯（Lotus）汽车品牌现在均归属于中国。（　　）
3. 路特斯（Lotus）品牌 2011 年以前在中国被称为"莲花"。（　　）
4. 阿斯顿 · 马丁（Aston Martin）品牌名字源于两个创始人的名字。（　　）
5. 兰德 · 路虎（Land Rover）品牌是从罗孚（Rover）品牌分离独立出来的。（　　）

四、简答题

劳斯莱斯标志中间重叠的"RR"表示什么含义？

第五节　瑞　　典

一、填空题

1．目前，瑞典主要有_____________、____________和____________三个品牌的汽车还在生产。

2．斯堪尼亚公司（Scania AB）是由_______________与_____________合并而成的。

3．斯堪尼亚（Scania）车标是头戴皇冠的____________兽。这种怪兽代表公司所在国家是___________王国，表示公司扎根于故土，显示出该公司的力量、速度、敏捷和勇气；_____________代表权利和威严；外框的圆形及三角形图案是一个自行车的轮盘，象征着公司最早是生产_________的企业，寓示着公司的历史源远流长。

4．萨博（SAAB）是瑞典文______________________________的缩写。过去，SAAB曾被译为______。

5．注册的品牌名Volvo在拉丁语中有“____________”的意思，这是由于公司当时主要的产品是______。

6．沃尔沃车标有一支箭的圆圈，箭头呈对角线方向指向右上角。它起源于罗马帝国时代，是__________、_____________和_______________三个不同概念的象征。

7．科尼赛格标志顶部的金色字母组合由字母_______组成，它是第一款原型车Koenigsegg CC的缩写名称。盾牌蓝色框内为红色和黄色的_______区域。

二、单项选择题

1．萨博（SAAB）曾经使用过头戴皇冠的狮身鹰面兽标志，其原因是（　　）。

A．萨博一直拥有该标志的使用权　　B．萨博购买了该标志的使用权

C．萨博代为斯堪尼亚生产汽车　　D．萨博与斯堪尼亚合并

2．科尼赛格标志的设计灵感源于（　　）。

A．一艘风帆大张的帆船　　B．科尼赛格家族盾形纹章

C．钻石光彩　　D．幽灵的图形装饰

3．瑞典生产汽车的厂商主要有四家，其中已有（　　）一家破产而停止生产。

A．斯堪尼亚（Scania）　　B．沃尔沃（Volvo）

C．萨博（SAAB）　　D．科尼赛格（Koenigsegg）

三、判断题

1．斯堪尼亚（Scania）现在属于德国大众汽车的子品牌。（　　）

2．现实存在的狮身鹰面兽一直是最强大的动物。（　　）

3．萨博曾经与斯堪尼亚合并。（　　）

4．萨博汽车公司破产后被国能电动汽车瑞典有限公司（National Electric Vehicle Sweden AB，简称NEVS）收购。（　　）

5. 尼维斯（NEVS）不能使用萨博品牌名称“SAAB”和“鹰狮”标志。（　　）

四、简答题

沃尔沃车标图形由哪几部分组成?

第六节　美　　国

一、填空题

1. 凯迪拉克车标上的盾象征着＿＿＿＿＿＿＿、＿＿＿＿＿＿＿＿，代表该车具有巨大的＿＿＿＿＿＿能力。

2. 雪佛兰车标采用金黄色的＿＿＿＿＿＿、黑色的＿＿＿＿＿＿和＿＿＿＿＿＿。

3. 科尔维特（Corvette）是雪佛兰的＿＿＿＿品牌。其商标图案是在椭圆内交叉嵌套着两面旗子。其中，黑白相间的旗子表示该车是参加汽车大赛的＿＿＿＿车；其中，红色旗子上的蝴蝶结商标表示该车由＿＿＿＿＿制造；旗上的奖杯和花朵则代表＿＿＿＿后的欢呼和＿＿＿＿＿的纪念。

4. 悍马（HUMMER）意为“发出嗡嗡声的＿＿＿”。悍马可能将以＿＿＿＿＿＿＿的形式回归市场。

5. 福特（Ford）车标是在＿＿＿色背景的衬托下，被艺术化了的“Ford”，形似活泼可爱、充满活力、美观大方的＿＿＿。

6. 道奇汽车采用了全新的车标，车标字样是＿＿＿色的，底部有＿＿＿色，它代表着伟大、尊严和成熟；标志右侧的两条斜条纹被涂成＿＿＿色，象征着与＿＿＿型道奇汽车相关的热情。

7. 公羊（Ram）标志是原来的＿＿＿＿＿标志。在一个五边形中有一个羊头，象征着大角羊固有的＿＿＿＿＿和＿＿＿＿＿。

8. 特斯拉（Tesla）标志中的T型字母，表示的是＿＿＿＿＿＿＿＿＿＿图像，同时也意为＿＿＿＿＿＿＿＿＿。

二、单项选择题

1. 下列选项中，对雪佛兰（Chevrolet）车标不恰当的描述是（　　）。

A．在古老的新石器时代，“+”字是医院的象征

B．与《亚特兰大宪法报》上一则由某煤炭公司发布的广告图案类似

C．车标设计灵感可能来自瑞士国旗

D．一个蝶形金领结

2．科尔维特（Corvette）是雪佛兰的子品牌，其名字源于（　　）。

A．一种凶猛动物的名字

B．一种漂亮的花草名字

C．一种大型海洋动物的名字

D．一艘 17 世纪英国护卫舰的名字

3．克莱斯勒汽车品牌最新采用的标志是（　　）。

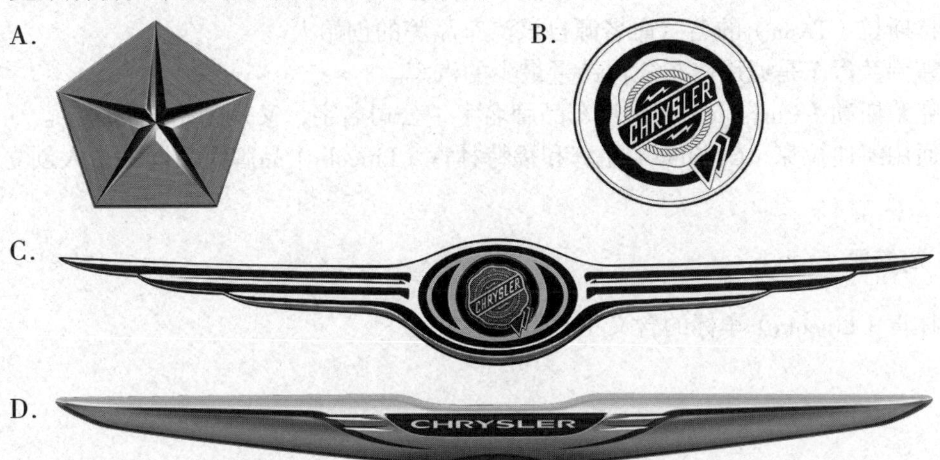

4．下列选项中，对“吉普”（Jeep）汽车名称来源不恰当的描述是（　　）。

A．这种车通常被称为威利斯万能车（General Purpose Willys），缩写为 GPW，又缩写为 GP，谐音就是“Jeep”

B．《大力士水手》连环画中画了一种叫作“吉普尤金”（Eugene the Jeep）的奇怪动物

C．试车员曾在新闻发布会上提及将所试车称为“Jeep”

D．威利斯和福特公司联合商议将其命名为“Jeep”

5．下列选项中，不属于汽车品牌的名字是（　　）。

A．通用（GM）　　　　B．福特（Ford）

C．克莱斯勒（Chrysler）　　　　D．特斯拉（Tesla）

6．下列选项中，克莱斯勒（Chrysler）曾经使用过的标志是（　　）。

A．

B．

C.

D.

三、判断题

1．凯迪拉克（Cadillac）品牌名称源于创始人的名字。（　　）

2．别克（Buick）车标采用三重盾牌，以代表当年别克生产的三种车型。（　　）

3．公羊汽车标志使用的是以前道奇汽车的标志。（　　）

4．特斯拉（Tesla）的名字命名源自该汽车品牌的创始人。（　　）

5．雪佛兰汽车是通用汽车公司销量最少的汽车。（　　）

6．克莱斯勒（Chrysler）既是汽车品牌名字、公司名字，又是创始人的名字。（　　）

7．通用凯迪拉克（Cadillac）品牌和福特林肯（Lincoln）品牌是由同一个人创立的。（　　）

四、简答题

1．林肯（Lincoln）车标的含义主要有哪些？

2．用特斯拉（Tesla）给汽车命名的原因有哪些？

第七节　日　　本

一、填空题

1．丰田（Toyota）车标由三个________环形组合构成。标志中每个________都是以两点为圆心绘制成的曲线组合，它象征用户的________与汽车厂家的________是连在一起的，具有相互________感。

2．日产（Nissan）品牌标志的最大特点是突出________形象。

3．英菲尼迪（Infiniti）车标的椭圆形________代表一条无限延伸的__________，象征向全世界扩张之意；两条________则代表通往巅峰的________，象征英菲尼迪品牌汽车永无止境的追求、无限美好的前景。下半部两条直线构成了一个嵌入式三角形，暗示着日本本土的标志富士山。

4．本田（Honda）三弦音箱式的“H”标志，体现出本田公司____________性、技术_________性等形象，也体现了其职工完美、团结向上、充满活力和_________的特点。

5．三菱的三个菱形标志，是为推动“______________”的企业形象，特别强调三菱的_______精神，即“承担对社会的共同责任，诚实与公平，以及通过贸易促进国际谅解与合作”，而以三个菱形来表征___________的创业理念。

6．斯巴鲁（Subaru）车标图形中间的6颗闪闪发光的星星是牧牛星座昴宿星团中的6颗闪亮的星星，象征________的斯巴鲁；后者一颗大星后面闪烁着5颗小星，表示斯巴鲁是合并其他_________公司后组建而成的，象征公司之间的________、共同奋进的精神。

7．马自达（Mazda）车标的椭圆中使用一个特殊的字母“M”，寓意飞翔中的______，并代表了_______品牌的首字母。

8．日野（Hino）汽车标志的设计理念是“为使整个_________成为富裕而又易于生活的_______，不断创造新的_______”。

9．大发（Daihatsu）之名取自该公司的前身——大阪发动机制造公司的所在地__________和主要产品___________两词；而“大发”在当时崇尚中文的日本又有着“___________”“___________”之意。

二、单项选择题

1．下列选项中，不属于丰田子品牌的汽车品牌是（　　）。

A．世纪（Century）　　B．皇冠（Crown）

C．赛恩（Scion）　　D．赛利卡（Celica）

2．2016年，丰田汽车宣布取消的汽车品牌是（　　）。

A．丰田（Toyota）　　B．雷克萨斯（Lexus）

C．赛恩（Scion）　　D．日野（Hino）

3．日产汽车公司着力塑造的豪华汽车品牌是（　　）。

A．日产（Nissan）　　B．雷克萨斯（Lexus）

C．讴歌（Acura）　　D．英菲尼迪（Infiniti）

4．下列选项中，正确的讴歌（Acura）标志是（　　）。

A．

B．

C．

D．

5．下列选项中，正确的英菲尼迪（Infiniti）标志是（　）。

A.

B.

C.

D.

三、判断题

1．丰田有较多的子品牌，皇冠（Crown）是其中之一。（　）

2．丰田有较多的子品牌，雷克萨斯（Lexus）是其中之一。（　）

3．雷克萨斯（Lexus）是丰田公司的高端汽车品牌。（　）

4．雷克萨斯以前的中文名为“凌志”。（　）

5．赛恩汽车着力“制造年轻人喜爱的汽车”，近年来其销量屡创新高。（　）

6．英菲尼迪（Infiniti）以前的中文名意为“无限”。（　）

7．讴歌（Acura）名字意即“豪华”。（　）

8．目前，五十铃汽车主要使用文字标志。（　）

四、简答题

讴歌（Acura）车标的含义有哪些？

第八节　韩　　国

一、填空题

1．现代（Hyundai）汽车标志是在椭圆中有一个______字母H，是现代英文名（Hyundai）第一个单词的______字母。

2．现代汽车标志中的椭圆既代表汽车的________，又可以看作是__________，与其间的“H”结合在一起，恰好代表了现代汽车遍布全世界的意思。标志又是两个人________的形象化艺术表现，代表现代汽车公司与客户之间__________与支持。

3．起亚（Kia）品牌名字源自汉语：“起”代表__________，“亚”代表____________；“起亚”表示“______________”或“______________”。

4．目前，韩国的纯“自主品牌”汽车公司只剩下__________集团一家，该集团通常被简称为________集团。

二、单项选择题

1．目前，韩国还在生产的高端品牌汽车是（　　）。

A．欧菲莱斯（Opirus）　B．捷尼赛思（Genesis）

C．双龙主席（Chairman）　D．索纳塔（Sonata）

2．现代的一个汽车品牌在中国曾先后有三个中文名字，下列选项中不是该品牌的中文名字的是（　　）。

A．劳恩斯　B．捷恩斯

C．阿尔菲翁　D．捷尼赛思

3．目前，只在韩国国内销售的一种品牌汽车是（　　）。

A．现代（Hyundai）　B．起亚（Kia）

C．三星（Samsung）　D．大宇（Daewoo）

4．目前，控股韩国双龙汽车公司的是（　　）。

A．美国通用汽车公司　B．上海汽车工业（集团）总公司

C．韩国现代汽车公司　D．印度马恒达集团

5．下列选项中，正确的现代（Hyundai）汽车标志是（　　）。

A．　B．

C．　D．

三、判断题

1．上海汽车工业（集团）总公司目前控股韩国双龙汽车。（　　）

2．大宇汽车品牌目前只在韩国境内使用。（　　）

3．大宇汽车（乘用车）更名为通用韩国公司，成为美国通用的子公司。（　　）

4．韩国汽车市场中，韩国汽车占比接近90%。（　　）

5．目前，韩国汽车产量增加，汽车生产厂家也在增加。（　　）

四、简答题

起亚汽车2021年版新标志有哪些寓意？

第九节　中　　国

一、填空题

1．一汽汽车标志是将阿拉伯数字“________”和汉字“__________”巧妙布置，构成一只____________的图案。

2．红旗汽车新标志设计理念来源于迎风飘扬的__________，展现韵律之美，象征奋进向上的__________精神；对开的红旗象征打开振兴之门，踏上成功之路，寓意红旗品牌________________。

3．一汽解放汽车早期的字标“解放”二字源自《____________》报头字，红旗汽车的字标“红旗”二字源自《__________》刊头字。

4．五菱汽车标志分为红色和银色两种版本，红色标志扎根________，银色标志面向________。

5．北汽全新标志中，原来的“北”字被简化成两个门把手，意为敞开的两扇_______；“北”字好似一个欢呼雀跃的人，也像一个有力的_________；标志的外部轮廓为椭圆形。新品牌标志图形外圆内方，是中国_________传统思想的形象化。

6．奇瑞汽车品牌中的“奇”有“__________”的意思，“瑞”有“____________”的意思。

7．奇瑞新车标以一个循环______为主题，由三个字母____________组成。

8．吉利车标颜色主要采用蓝色和黑色，蓝色代表洁净的______，黑色寓意广阔的________。

9．长城车标由两个对放字母“_____”组成“_____”造型，意为长城汽车。车标主要突出的是_____________，也象征着立体的“1”。

二、单项选择题

1．下列标志中，不是红旗汽车采用过的标志是（　　）。

A． 

B．

C．

D．

2．下列标志中，上汽宝骏汽车采用过的标志是（　　）。

A．

B．

C．

D．

3．下列标志中，现在长安商用车标志主要使用的是（　　）。

A．

B．

C．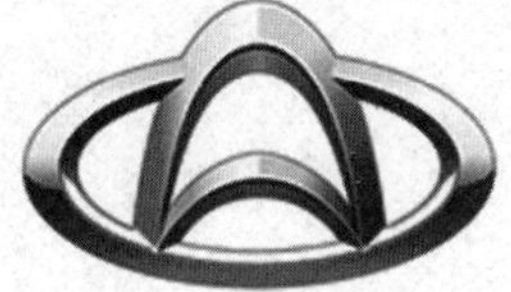

D．

4．下列标志中，长安商用车曾经采用过的车标是（　　）。

A.

B.

C.

D.

三、判断题

1．一汽标志中左右对称的雄鹰翅膀又似背靠背的两个大写字母“E”，它们分别代表了Environment（环境）和Enjoy（享受）。（　　）

2．1958年7月1日，第一辆红旗轿车下线。（　　）

3．红旗轿车侧车标曾经采用过3面红旗。（　　）

4．北京汽车的英文版车标“BEIJING”的汽车产品主要是电动智能汽车。（　　）

5．长城汽车公司生产的所有汽车均使用统一的“长城”标志。（　　）

6．目前，吉利车标的设计灵感来自“健康男性的六块腹肌”。（　　）

7．目前，吉利车标的六个方格代表着宝石。（　　）

8．目前，比亚迪生产的燃油汽车销量不断增长。（　　）

四、简答题

1．东风风神车标的含义有哪些?

2．五菱汽车标志的含义有哪些?

第十节　其他著名汽车标志

一、填空题

1．斯柯达（Skoda）标志中的绿色象征着__________，体现出重视保护__________的强烈意识和社会责任感，也象征着企业的无限__________和__________。外环中朱黑的颜色象征着斯柯达汽车公司历史深厚的__________和百余年的__________。

2．斯柯达车标最外边的大圆圈表示为________的、可走遍________的通用产品；圆中的翅膀象征________进步；翅膀下方的箭头表明__________的进步，象征公司无限的创造力和想象力；翅膀上的小孔眼则代表生产的________、技术的________及产品放眼世界。

3．世爵（Spyker）标志即由一个水平的飞机__________穿越镌刻公司座右铭的___________________，以纪念在第一次世界大战中与荷兰飞机厂合并制造飞机这样一段历史。

4．嘎斯 / 伏尔加（GAZ/Volga）车标是具有俄罗斯民族特色的代表。雄鹿象征着神秘、智慧、______________和______________者，也意味着汽车的__________快、质量高；鹿还有____________的象征。

5．“拉达”一词出自当地俄语方言，有“____________”“____________”之意。

6．拉达车标主要由字母“L”“D”组成，意为_______________；其图案像一艘精致的____________巡游船——古代北欧海盗帆船，预示着拉达汽车______________。

7．西亚特（SEAT）汽车品牌名是西班牙语____的缩写。

二、单项选择题

1．世爵（Spyker）标志上镌刻有（　　）。

A．公司座右铭　　B．象征胜利的桂冠

C．风车叶片　　D．螺旋线

2．除了罗孚（Rover）车标外，像古代北欧海盗船的车标是（　　）。

A．科尼赛格（Koenigsegg）　　B．拉达（Lada）

C．嘎斯（GAZ）　　D．伏尔加（Volga）

3．希斯巴诺 – 苏莎（Hispano–Suiza）汽车品牌现归属于（　　）。

A．法国　　B．瑞士

C．西班牙　　D．奥地利

4．捷克斯柯达（Skoda）汽车品牌现归属于（　　）公司。

A．捷克斯柯达　　B．西班牙西亚特

C．美国通用　　D．德国大众

5．西班牙西亚特（SEAT）汽车品牌现归属于（　　）公司。

A．捷克斯柯达　　B．西班牙西亚特

C．美国通用　　D．德国大众

三、判断题

1．Tata 在印度语中代表着“道路”的意思。（　　）

2．伏尔加（Volga）汽车过去在苏联和中国都很有名，现在已停产。（　　）

3．希斯巴诺－苏莎（Hispano-Suiza）汽车标志中的“鹳”代表速度和飞行，象征吉祥。（　　）

4．希斯巴诺－苏莎（Hispano-Suiza）品牌名按照字面上翻译为“西班牙－瑞士”，顾名思义即代表两位创始人的国籍。（　　）

5．希斯巴诺－苏莎过去制造的是顶级车型，现在仍在大量生产。（　　）

四、简答题

1．塔塔（Tata）汽车标志的含义有哪些?

2．希斯巴诺－苏莎（Hispano-Suiza）汽车标志的含义主要有哪些?

第四章 汽车与社会

第一节 汽 车 展 览

一、填空题

1．德国国际汽车展前身为________车展，创办于________年，世界上第一次车展是在德国柏林的布里斯托旅馆举办的。1951 年，车展移到法兰克福举办，故曾经称为____________车展。2021 年，________接替法兰克福，成为德国国际车展的主办城市，并改名为____________________________________。

2．北美国际车展创办于______年，起先叫作________车展。

3．巴黎国际车展起源于 1898 年的___________________，直至 1976 年每年一届。此后，每_____年一届。

4．1962 年，巴黎车展从__________________移师到__________________________。

5．2011 年，第_____届东京车展主会场从以往的__________________________转移至____________________，也是该车展时隔 24 年后重回东京。

6．上海国际汽车工业展览会创办于______年，在逢______年的 4 月下旬举办，是中国最早的专业国际汽车展览会。

7．北京国际汽车展览会于______年创办，秉承“____________、品牌全、__________”的办展理念和特色，北京车展已成为目前在国际上具有较高知名度的品牌展览会。

8．2003 年，上海国际车展首次移师_______________________，2015 年，第 16 届上海国际汽车展正式移师_____________________。

9．汽车展览（Auto Show）是由__________、__________或主流媒体等组织，在专业展馆或会场中心进行的___________________或汽车行业经贸交易会、博览会等。

二、单项选择题

1．车展向来以量产车型首发而闻名，其特色是“妖娆”，该车展是（　　）。

A．日内瓦车展　　B．巴黎车展　　C．北美车展　　D．东京车展

2．车展有“国际汽车潮流风向标”之称，其特色是“奢华”，该车展是（　　）。

A．日内瓦车展　　B．巴黎车展　　C．北美车展　　D．东京车展

3．车展以汽车新技术为主要展出亮点，其特色是“细腻”，该车展是（　　）。

A．日内瓦车展　　B．巴黎车展　　C．北美车展　　D．东京车展

4．车展围绕着“新”字做文章，总能给人争奇斗艳的感觉，其特色是“浪漫”，该车

展是（　　）。

A．日内瓦车展　　B．巴黎车展　　C．北美车展　　D．东京车展

5．目前，吉尼斯世界纪录“世界上参观人数最多的汽车展”是（　　）。

A．日内瓦车展　　B．巴黎车展　　C．北美车展　　D．东京车展

6．欧洲唯一每年度举办的大型车展是（　　）。

A．日内瓦车展　　B．巴黎车展　　C．北美车展　　D．东京车展

7．东京车展主会场目前设置在（　　）。

A．丰田汽车展览中心　　B．千叶幕张国际会展中心

C．东京国家公园展览中心　　D．东京国际展览中心

8．中国最早举办的大型国际车展是（　　）。

A．北京车展　　B．上海车展　　C．成都车展　　D．广州车展

三、判断题

1．德国是世界上最早举办国际车展的国家。（　　）

2．德国国际汽车展是世界规模最大的车展之一，车展每年举办一届。（　　）

3．法国是世界上最早举办国际车展的国家。（　　）

4．底特律车展原则上每年举办一次。（　　）

5．巴黎国际车展每两年一届，在逢奇数年的 9 月底至 10 月初举办。（　　）

6．东京国际车展历来是日本本土生产的各种千姿百态的小型汽车唱主角的舞台。（　　）

7．北京国际车展在逢偶数年的 4 月下旬举办。（　　）

8．上海国际车展在逢奇数年的 4 月下旬举办。（　　）

9．北京国际车展是中国最早举办的国际车展。（　　）

10．上海国际车展是中国第一个被国际展览联盟（UFI）认可的汽车展览。（　　）

四、简答题

1．举办车展的目的是什么？

2．现今国际社会普遍公认的著名国际车展有哪些？

第二节　汽 车 色 彩

一、填空题

1．基本色是指______、______、______三原色。

2．颜料三原色，即在美术上把______、______、______定义为色彩三原色。

3．流行色是指在一定的________和_______内，被大多数人所喜爱或采纳的几种或几组带有______的色彩。

4．美国PPG公司发布的2021年度全球汽车色彩流行报告显示，全球所销售汽车中，车身颜色占前六位的依次是________、________、________、________、________和红色。

5．从车型上看，豪华轿车用得最多的是白色和______；中级轿车偏重白色和______；紧凑轿车偏重白色和_______；MPV和SUV使用最多的颜色是_______；在小型车、紧凑型车中显著增加的是________。

6．全球范围内，黑色汽车市场占比__________，呈现出中性色流行度上升的趋势。灰色和蓝色汽车在各地区的市场占比均有所_________，银色汽车的市场占比在各地呈现________趋势。

7．颜色的胀缩性是指将相同车身涂上不同的_________，会产生_________不同的感觉。

8．不同的人对同一色彩会做出__________的反应。每个人对颜色的解释不尽相同，选择的汽车颜色也__________。

二、单项选择题

1．购买汽车时，除了要考虑汽车的价格、品牌、类型、性能、质量外，还要注重选择它的（　　）。

A．转向盘形状　　B．轮胎品牌

C．变速器生产商　　D．车身颜色

2．在车身上涂绘奇花异草、珍禽怪兽、风景名胜，甚至是美女、舞蹈以及神话中的图案，这些汽车主要出现在（　　）区域。

A．东亚　　B．南亚　　C．西亚　　D．北亚

3．世界大多数地区汽车流行色前三位是白色、黑色、灰色，但有一个地区的黑色没能进入前三，这个地区是（　　）。

A．欧洲　　B．非洲　　C．亚洲　　D．南美

4．（　　）属于前进色、膨胀色、明色，看起来感觉大一些、近一些、醒目一些。

A．黑色　　B．绿色　　C．黄色　　D．蓝色

5．（　　）代表冷静、沉着、理性，代表承诺、可靠、可信，能保持高雅的传统印象。

A．黑色　　B．绿色　　C．黄色　　D．蓝色

6.（　　）象征乐观开朗和幸福，给人以轻快、明亮的感觉。

A．黑色　　B．绿色　　C．黄色　　D．蓝色

7.（　　）代表着大自然，给人以青春气息、欣欣向荣的感觉，带来沉静、和谐的气氛。

A．黑色　　B．绿色　　C．黄色　　D．蓝色

8．所有色彩中最容易褪色的是（　　）。

A．黑色　　B．白色　　C．红色　　D．黄色

9．所有色彩中最显脏的是（　　）。

A．黑色　　B．白色　　C．红色　　D．黄色

10.（　　）被认为是纯净、高雅的色调，所以适合在各种不同的场合使用。

A．黑色　　B．白色　　C．红色　　D．黄色

三、判断题

1．汽车颜色是汽车的重要包装内容，它扮演着吸引消费者的重要任务。（　　）

2．原色可以调配出绝大多数色彩，其他颜色也能调配出三原色。（　　）

3．白色是全球最受欢迎的汽车色彩，但白色汽车市场逐渐呈现下降趋势。（　　）

4．红色、黄色称为前进色，蓝色、绿色称为后退色。（　　）

5．黄色感觉大一些，称为收缩色；蓝色感觉小一些，称为膨胀色。（　　）

6．白色汽车不显脏，但用久了表面容易泛黄。（　　）

7．银色车身表现出汽车造型的坚实和流畅，显示出高技术特性的倾向。（　　）

8．过去，银色在汽车市场广为流行，近年来其市场占比却不断下降。（　　）

9．过去，黑色在小型车市场广为流行，近年来其市场占比仍不断攀升。（　　）

10．荧光和夜光漆能增强能见度和娱乐气氛，因而被广泛应用于家用汽车。（　　）

四、简答题

1．为什么近年来蓝色汽车的销售持续增多？

2．汽车的流行色与服装的流行色有哪些不同？

3．驾驶室内部色彩为何大多采用黑色、白色和米黄色搭配？

4．为什么公务车多数都选用黑色？

第三节　汽车比赛

一、填空题

1．汽车比赛能够长久不衰的关键所在，是具有先进技术的汽车公司作为__________后盾，拥有雄厚实力的企业集团作为________后盾，加上热爱汽车运动的群体大众积极参与。

2．国际汽车联合会（FIA）是于 1904 年 6 月 20 日成立的国际组织。到 2021 年底，其成员包括全球________个国家的________个组织。中国汽车运动协会于______年加入 FIA。

3．方程式（Formula）原文含义是指____________，即赛车要依据国际汽车联合会所颁发的________制造，包括赛车的基本长度、宽度、最小质量、发动机排量、轮胎尺寸等。

4．首场 F1 比赛始于______年____月____日，在__________赛车场举行。意大利车手____________________为阿尔法 – 罗密欧车队赢得了第一个 F1 大奖赛冠军。

5．F1 车手的号码是根据车队上一个赛季的成绩排序分配给车队的，从______年开始，F1 车手可以在其整个 F1 生涯中使用固定的编号（____________号，但______号被封存），上届冠军有权使用________号。

6．“拉力”译自于______________一词。1911 年，在摩纳哥首次举行从欧洲十国首都到该国最大城市蒙特卡洛的______________赛。这次比赛以 Rally 命名，第一场 WRC 赛事于______年 1 月 19 日在蒙特卡洛开始。

7．现在，达喀尔拉力赛是一种多车种、分级别的超大型比赛，分为____________组、全地形四轮摩托车组、____________组、全地形汽车组、____________组、____________组和

T1–E 新能源组。

8．LMH/LMDh 组赛车号码为______色背景上的白色数字，赛车号码为____________。LMP2 组赛车号码为________色背景上的白色数字，赛车号码为______________。

9．1906 年 6 月 26—27 日，法国汽车俱乐部在勒芒（Le Mans）举行了世界上第一场汽车______赛。第一次勒芒 24 h 汽车耐力赛的比赛时间是______年 5 月 26—27 日。

10．电动方程式锦标赛围绕______________、______________和______________三个核心理念，将设计、技术、运动、科技、音乐与______________相结合。

11．电动方程式锦标赛比赛安排在________天内完成。比赛包括____________、__________和正赛三部分。正赛在当地时间__________________举行，比赛时间为________min 加一圈。

二、单项选择题

1．FIA 是国际奥林匹克委员会成员组织，总部设在（　　）。

A．法国巴黎　　B．英国伦敦

C．美国纽约　　D．瑞士日内瓦

2．F1 比赛中成功地换一次轮胎的最快纪录是（　　）s。

A．1.92　　B．3.38　　C．4.14　　D．5.11

3．WRC 的比赛方式很特别，分站赛为期 3 天，比赛里程不能少于行驶里程的 2/3，每站比赛里程大约为（　　）km。

A．300　　B．1 500　　C．3 000　　D．5 000

4．比赛路程最长、条件最苦、参赛车辆最多的比赛是（　　）。

A．F1　　B．WRC　　C．Dakar　　D．Le Mans

5．世界耐力锦标赛比赛时，在维修站要求（　　）。

A．维修和换胎不能同时进行　　B．维修和加油不能同时进行

C．加油和换胎不能同时进行　　D．维修、换胎和加油可以同时进行

6．世界耐力锦标赛一场分站赛至少持续时间为（　　）h。

A．4　　B．8　　C．12　　D．24

7．获得勒芒 24 h 耐力赛冠军最多的车队是（　　）。

A．丰田车头　　B．奔驰车头　　C．法拉利车头　　D．保时捷车头

8．世界房车杯要求同一品牌的赛车最多只能有两支车队（　　）辆赛车参赛。

A．2　　B．4　　C．6　　D．8

9．获得 2019 年世界房车杯的车队是（　　）。

A．德国大众高尔夫车队　　B．美国福特蒙迪欧车队

C．中国领克青色车队　　D．日本本田思域车队

10．电动方程式锦标赛首站比赛于 2014 年 9 月 13 日在（　　）启幕。

A．蒙特卡洛　　B．伦敦　　C．北京　　D．莫斯科

三、判断题

1．赛车运动需要大量的资金支持，因此 FIA 属于营利性国际组织。（　　）

2．迈克尔 · 舒马赫（Michael Schumacher）是 F1 历史上唯一的“七冠王”。 （ ）

3．F1 赛车技术要求非常高，因此采用了大量的先进技术装置，如自动启动系统和自动变速箱。 （ ）

4．每年全世界拥有 F1 赛车执照者不到 100 人。 （ ）

5．2022 年赛季，周冠宇成为中国第一位 F1 正式车手。 （ ）

6．目前，F1 赛车不允许采用转子发动机，但可以使用涡轮增压。 （ ）

7．2004 年 9 月 26 日，F1 中国站首个大奖赛在上海成功举办。 （ ）

8．WRC 对观众的吸引力高，门票售价也高。 （ ）

9．“达喀尔”是第一届达喀尔比赛的终点地名，至今该赛事的终点仍是达喀尔。（ ）

10．世界汽车耐力锦标赛（WEC）由勒芒 24 h 耐力赛演变而来。 （ ）

11．WEC 比赛中，在维修站可以同时进行维修、换胎和加油。 （ ）

12．1955 年，勒芒 24 h 耐力赛上发生了汽车比赛中伤亡人数最多的一次事故。（ ）

13．勒芒 24 h 耐力赛的历史上，曾出现过一个人驾驶赛车比赛 24 h 的情况。 （ ）

14．世界房车杯只允许厂商车队参赛。 （ ）

15．对于电动方程式锦标赛，每场比赛中车手必须进行一次强制进站换车。 （ ）

16．观众有可能改变 FE 车手的比赛排名。 （ ）

四、简答题

1．为什么 F1 不能以“竞技体育项目”进入奥运会？

2．领克青色车队于 2019 年获得了 WTCR 车队年度总冠军，为什么中国汽车摩托车运动联合会发去贺电？

3．为什么FE能成为发展最快的汽车赛事？

第四节　汽 车 公 害

一、填空题

1．截至2021年底，中国机动车保有量达__________亿辆，其中汽车__________亿辆，成为世界汽车拥有量最多的国家。

2．如果按照百户居民家庭拥有汽车20辆的标准，中国已于__________年进入汽车社会行列。

3．截至2021年底，中国超过100万辆汽车的城市有__________个，超过200万辆汽车的城市有__________个，超过300万辆汽车的城市有__________个，超过500万辆汽车的城市有3个。其中，北京超过__________万辆，成都、重庆超过__________万辆。

4．2011年8月16日，《汽车视角》杂志公布，全球处于使用状态的各种汽车总保有量已突破________亿辆。2021年底，全球汽车保有量已突破__________亿辆。

5．现在，全世界每年死于道路交通伤害的人，世界卫生组织统计约为__________万人，而各国交通管理部门统计约为__________万人。

6．2011年，中国超过__________成为第一大石油进口国和消费国。2021年，中国国内石油消费量为7.1亿t，约占世界石油消费量的__________%；中国石油进口量为5.13亿t，对外依存度达__________%。

7．1973年，原油价格从每桶3.011美元提高到__________美元。1979年，油价创下每桶__________美元的纪录。2008年1月2日，原油价格首度突破每桶__________美元大关；2008年7月11日，原油最高点达到________美元，为历史最高价格。

8．2021年，世界原油（WTI）全年均价为__________美元/桶，比上年大涨__________%。

9．汽车是机动车大气污染排放的主因，其排放的CO和HC超过__________%，NO_x和PM超过__________%。

10．2020年，中国337个地级以上城市，环境空气质量达标的城市有__________个，占__________%。

二、单项选择题

1. 千人汽车拥有量比中国低的国家有（　　）。
   A．马来西亚　　B．俄罗斯　　C．巴西　　D．印度
2. 截至 2021 年底，中国汽车保有量最多的城市是（　　）。
   A．北京　　B．上海　　C．重庆　　D．深圳
3. 中国政府一直以来强调的“耕地保护红线”是指耕地面积不能少于（　　）亿亩。
   A．12　　B．15　　C．18　　D．20
4. 近年来，中国汽车年产量约占全球的（　　）。
   A．1/5　　B．1/4　　C．1/3　　D．1/2
5. 截至 2021 年底，世界总人口约 78 亿，则每（　　）人拥有一辆汽车。
   A．4.2　　B．4.8　　C．5.2　　D．5.8
6. 截至 2021 年底，中国总人口约 14.5 亿，则每（　　）人拥有一辆汽车。
   A．4.2　　B．4.8　　C．5.2　　D．5.8
7. 就人均拥有土地资源来看，中国是世界上最为贫乏的国家之一，人均耕地面积约为（　　）亩，汽车的过度发展必将进一步减少人们赖以生存的耕地。
   A．1.0　　B．1.3　　C．1.8　　D．2.3

三、判断题

1. 交通事故是指车辆在道路上因过错或者意外造成的人身伤亡或者财产损失的事件。（　　）
2. 汽车交通事故已成为中国 15 ~ 45 岁人群的第一大杀手。（　　）
3. 中国因交通事故造成的死亡人数，最高一年也没有超过 10 万人。（　　）
4. 交通事故猛于虎，全世界每年高达千万人死于道路交通事故。（　　）
5. 中国地大物博，大力发展汽车不会对耕地资源短缺问题造成影响。（　　）
6. 汽油车排放的 CO 超过汽车排放总量的 80%，排放的 HC 超过 70%。（　　）
7. 柴油车排放的 NO_x 接近汽车排放总量的 70%，排放的 PM 超过 90%。（　　）
8. 中国城市中有 2/3 以上的城市交通高峰时段出行拥堵。（　　）
9. 2021 年，千人汽车拥有量中国居全球 197 个主权国家的第 20 位左右。（　　）
10. 交通堵塞会造成城市环境污染加剧。（　　）

四、简答题

1. 什么叫汽车社会？

2．为什么将全球围绕油气资源的争夺称为“石油战争”？

3．城市道路拥堵会造成哪些主要危害？

第五章　汽车发展趋势

第一节　汽车电动化

一、填空题

1. 汽车与相关产业全面融合，呈现电动化、__________、__________的发展趋势。

2. 汽车正由人工操控的________产品逐步向电子信息系统控制的__________产品转变。

3. 内燃机汽车排放的有害物质主要有一氧化碳（CO）、______________、______________以及悬浮颗粒物（SPM）等。

4. 汽车电动化，即汽车使用________作为动力，通过____________驱动汽车行驶。

5. 目前，电动汽车常见的有纯电池动力（BEV）、____________和______________________等。

6. 截至 2021 年底，中国纯电动乘用车保有量达到__________万辆，占全球总量的________%，连续 7 年位居世界第一。

7. 2021 年，全球电动汽车销量突破_______万辆，乘用车市场占比达到_______%，创历史新高。

8. 动力蓄电池有两个发展难点，一是______________，二是____________。

9. 磷酸铁锂电池的主要缺点是__________相对较低，在低温条件下________和__________缩水明显，且剩余电量的估算不准确。

10. 汽车排放的评价要从简单的尾气排放评价过渡到____________（产品的规划、设计、生产、经销、运行、使用、维修，直到回收再用处置的全过程）评价，从发电开始，包括汽车的______________、电池________及________全过程。

二、单项选择题

1. 驱动力由电动机及发动机同时或单独供给的电动汽车称为（　　）汽车。

A. 纯电池动力（BEV）　　B. 串联式混合动力（SHEV）

C. 并联式混合动力（PHEV）　　D. 混联式混合动力（PSHEV）

2. 2021 年，中国销量最多的单一车型电动汽车是（　　）。

A. 比亚迪 – 秦　　B. 长安奔奔 EV

C. 五菱宏光 Mini EV　　D. 理想 ONE

3. 2021 年，全球动力蓄电池装机量第一的是（　　）。

A．中国宁德时代　　B．韩国 LG
C．日本松下　　D．中国比亚迪

4．下列选项中，不属于磷酸铁锂动力蓄电池的特点的是（　　）。
A．能量密度相对较低　　B．安全性相对较差
C．可重复充电次数多　　D．成本低

5．截至 2021 年底，全球累计投放的氢燃料电池汽车销量第一的车型是（　　）。
A．日本丰田 Mirai　　B．韩国现代 Nexo
C．中国北汽福田　　D．中国南京金龙

6．截至 2021 年底，全球氢燃料电池汽车保有量近 6 万辆，全球第一大氢燃料汽车保有量的国家是（　　）。
A．中国　　B．美国　　C．日本　　D．韩国

7．截至 2021 年底，全球 33 个国家和地区建成的加氢站共有近 700 座，加氢站拥有量最多的国家是（　　）。
A．中国　　B．美国　　C．日本　　D．韩国

8．中国《新能源汽车产业发展规划（2021—2035 年）》发布了 2025 年新能源汽车销售比例的目标为（　　）。
A．15%　　B．20%　　C．25%　　D．30%

9．对于氢燃料电池汽车来说，提高续驶里程很容易实现，因为可以（　　）。
A．随时随地制氢　　B．随时随地加氢
C．增大储氢罐体积　　D．方便地更换氢燃料电池

10．内燃机发展的趋势和要求主要是（　　）。
A．高效、低碳、零排放　　B．高效、低碳、近零排放
C．高效、高功率、低排放　　D．高效的二冲程取代四冲程

三、判断题

1．2021 年，全球销量最多的单一车型电动汽车是特斯拉 Model 3。（　　）

2．近几年，中国原油和天然气对外依存度分别超过 70% 和 40%。（　　）

3．电动汽车电池系统的成本占到整车成本的 20% 左右。（　　）

4．为了实现超快充技术，目前市面上大多数电动汽车使用的是 800 V 的充电平台系统。（　　）

5．氢燃料电池的本质是一种储能装置。（　　）

6．电解水制造 1 kg 的氢气需要消耗 60 kW・h 的电能，而 1 kg 的氢气转换成驱动汽车的电能只有 20 kW・h。（　　）

7．中国氢燃料电池汽车的保有量中，公交车占据了绝大多数。（　　）

8．如果未能妥善处理回收端，动力蓄电池中的电解液等物质流出，会造成土壤污染以及水污染。（　　）

9．世界各国政府同意在 2040 年以前终结燃油汽车的生产和销售。（　　）

10．中国未来煤电比例将持续下降，而清洁能源发电比例将稳步上升，届时电动汽车相比于传统燃油汽车的碳减排优势会更加明显。（　　）

四、简答题

1．为什么说发展新能源汽车对中国的机会远大于挑战？

2．中国在汽车动力蓄电池方面占据优势，其中在动力蓄电池材料方面的优势有哪些？

3．搭载三元锂电池的纯电动汽车容易自燃的主要原因是什么？

4．燃料电池汽车的推广主要有哪些困难？

第二节　汽车网联化

一、填空题

1．汽车网联化以车内网、＿＿＿＿＿和＿＿＿＿＿为基础，按照约定的通信协议和数据交换标准，能够实现＿＿＿＿＿＿管理、＿＿＿＿＿＿＿服务和＿＿＿＿＿＿＿＿＿控制的一体化网络。

2．车与路之间的通信是指借助地面＿＿＿＿＿＿＿＿＿＿＿实现车辆与道路间的信息交流，用于监测＿＿＿＿＿＿＿，引导车辆选择最佳行驶路径。

3．车与云平台之间的通信是指车辆通过＿＿＿＿＿或＿＿＿＿＿＿＿等无线通信技术实现与车联网服务平台的信息传输，接收平台下达的控制指令，实时共享车辆数据。

4．车路协同主要包括四大关键技术：＿＿＿＿＿＿技术、＿＿＿＿＿＿技术、通信技术和＿＿＿＿＿＿技术。

5．车联网发展的近期目标是实现车—车和车—路之间的低时延、高可靠通信，主要是＿＿＿＿＿＿＿＿＿＿和＿＿＿＿＿＿＿的提高。

6．中国工信部发布的《车联网（智能网联汽车）网络安全标准体系建设指南》（征求意见稿）中称，目标到2023年底，初步构建起＿＿＿＿＿＿＿＿＿＿＿＿体系，重点研究基础共性、＿＿＿＿＿＿安全、＿＿＿＿＿＿安全＿＿＿＿＿＿安全、＿＿＿＿＿＿安全、安全保障与支撑等重点行业标准和国家标准等。

7．汽车网联化可能会产生诸如未经授权的个人信息和重要数据采集、利用等＿＿＿＿＿安全问题，网络攻击、网络侵入等＿＿＿＿＿安全问题，驾驶自动化系统随机故障、功能不足等引发的＿＿＿＿＿安全问题，以及在线升级改变车辆功能、性能可能引入的安全风险。

二、单项选择题

1．汽车网联化是能够在车与车、车与路、车与人及（　　）之间进行无线通信和信息交换的大系统网络。

A．蓝牙　　B．Wi-Fi　　C．手机　　D．车与互联网

2．下列选项中，V2X不具有的作用是（　　）。

A．促进自动驾驶技术的创新和应用　　B．有利于构建一个智慧的交通体系

C．提高交通效率　　D．降低汽车制造成本

3．汽车网联化可能发生驾驶自动化系统随机故障、功能不足等安全问题，即（　　）问题。

A．数据安全　　B．网络安全　　C．道路交通安全　　D．国家安全

4．目前，车联网应用比较容易实现无人驾驶的场景是（　　）。

A．城市繁华区域　　B．机场、矿山、港口等

C．乡村车流量较少的区域　　D．高速公路、国家标准三级以上公路等

5．车与路之间的通信是指（　　），实现车辆与道路之间的信息交流。

A．借助地面道路固定通信设施　　B．通过卫星无线通信

C．通过车载 Wi-Fi 通信　　D．通过移动蜂窝通信

三、判断题

1．网联化其实质就是车用无线通信技术（V2X），是将车辆与一切事物相连接的新一代信息通信技术。（　　）

2．车联网的目的主要是实现道路、桥梁和隧道通行费的电子收费。（　　）

3．车用无线通信技术（V2X）能将“人”“车”“路”“云”等交通参与要素有机地联系在一起。（　　）

4．目前，最具市场潜力、最快实现深度化智能网联的车载领域是内燃机汽车。（　　）

5．车联网的应用之一是对道路交通安全的管理。（　　）

6．OTA 指无线通信网络中下载软件升级技术。（　　）

四、简答题

1．什么叫车路协同?

2．为什么说“V2X 是实现车路协同的重要技术”？

3．为什么说“随着汽车网联化的发展，遭受网络攻击、网络侵入的风险将会大幅增加，甚至可能危及公共安全、国家安全”？

第三节　汽车智能化

一、填空题

1．中国政府要求到2025年，基本形成中国标准智能汽车的技术创新、产业生态、____________、____________、____________和网络安全体系。

2．汽车智能化 =____________+ 智能驾驶 +____________。

3．从基础结构来看，智能汽车主要通过__________、__________、__________以及人机交互来实现。

4．在智能服务方面，汽车的功能将主要包含车辆销售后的后市场服务、________服务以及更多元化的____________及__________服务。

5．《汽车驾驶自动化分级》（GB/T 40429—2021）于______年 3 月 1 日起实施。

6．______年____月____日，全球首款获得法律许可的L3 自动驾驶车辆本田里程（Legend）上市。

7．______年____月____日，德国联邦机动车运输管理局（KBA）正式为 L3 级自动驾驶放行，奔驰成为世界上首家在道路上被批准 L3 级自动驾驶上路的汽车公司。

8．智能座舱需要感知来自____________、____________两方面的信息，并对信息进行处理。

9．自动驾驶技术中的环境感知定位包括____________和____________等环境感知硬件、____________和____________相关设备、V2X 系统等。

10．智能汽车已经成为世界车辆工程领域研究的____________和汽车工业增长的____________，成为全球汽车工业发展的____________和汽车强国战略的重要选择。

二、单项选择题

1．中国政府于（　　）年首次明确将智能网联汽车列入未来十年国家智能制造发展的重点领域。

A．2005　　B．2010　　C．2015　　D．2020

2．下列选项中，不属于智能汽车“三大元素”的是（　　）。

A．智能交互　　B．智能制造　　C．智能驾驶　　D．智能服务

3．《汽车驾驶自动化分级》5 级（L5）又被称为（　　）。

A．驾驶辅助　　B．有条件自动驾驶

C．高度自动驾驶　　D．完全自动驾驶

4．《汽车驾驶自动化分级》4 级（L4）又被称为（　　）。

A．驾驶辅助　　B．有条件自动驾驶

C．高度自动驾驶　　D．完全自动驾驶

5．《汽车驾驶自动化分级》3 级（L3）又被称为（　　）。

A．驾驶辅助　　B．有条件自动驾驶

C．高度自动驾驶　　D．完全自动驾驶

6.《汽车驾驶自动化分级》2 级（L2）又被称为（　　）。

A．驾驶辅助　　B．有条件自动驾驶

C．高度自动驾驶　　D．完全自动驾驶

7．自动驾驶要求仅允许在设计运行条件内激活，属于《汽车驾驶自动化分级》中的（　　）。

A．2 级（L2）　　B．3 级（L3）　　C．4 级（L4）　　D．5 级（L5）

8．无设计运行条件限制，激活后执行全部动态驾驶任务，属于《汽车驾驶自动化分级》中的（　　）。

A．2 级（L2）　　B．3 级（L3）　　C．4 级（L4）　　D．5 级（L5）

9．智能座舱主要实现的功能应包含图形交互和（　　）交互，再配以体态 / 面部识别及生物体征检测。

A．动作　　B．语音　　C．眼睛　　D．指纹

三、判断题

1．目前，智能汽车的智能交互功能主要由智能座舱来体现。（　　）

2．在智能驾驶方面，行业发展将会经历辅助驾驶和高级别自动驾驶两个阶段。（　　）

3．目前使用的电动汽车大多已满足《汽车驾驶自动化分级》3 级（L3）功能的运行要求。（　　）

4．具备《汽车驾驶自动化分级》4 级（L4）功能的电动汽车已进入实用阶段。（　　）

5．未来，深层次的人机交互是汽车座舱电子发展的核心。（　　）

6．自动驾驶是汽车智能化应用中全面商业落地实现难度相对较低的一个环节。（　　）

7．目前，智能汽车技术对桩桶、隔离墩、低速或静止的厢式车辆等超小目标的识别存在困难。（　　）

8．决策层中的计算平台硬件和软件开发是智能驾驶技术的核心竞争力。（　　）

9．目前，智能座舱功能的落地是指将驾驶信息、抬头显示、车载信息娱乐和高级驾驶辅助系统整合到单一芯片的多域控制系统中，而不涉及底盘控制。（　　）

10.《汽车驾驶自动化分级》标准规定，驾驶自动化分为 1 ~ 5 五级。（　　）

四、简答题

1．汽车智能网联化对高质量发展时代经济与产业的意义主要有哪些?

2．什么叫智能汽车？

3．目前，自动驾驶的发展主要面临哪些难点？